CHINA TOWN

FUSION CUISINE

PRODUKTE, REZEPTE UND GESCHICHTEN ÜBER DIE BEGEGNUNG MIT EINEM KULINARISCHEN PARALLEL-UNIVERSUM

Edition
Fackelträger

Edition
Port Culinaire

Schon in frühester Jugend übte Asien eine Faszination auf mich aus. Speziell der chinesischen Kultur war ich sehr zugetan. Inspiriert durch Kung Fu-Filme erlernte ich diese Kampfkunst. Nun erwies ich mich in dieser Disziplin als nicht ungeschickt und bis heute, 30 Jahre später, ist mir eine gewisse Gelassenheit und Selbstsicherheit geblieben. Zwangsläufig kam in der Folge die Auseinandersetzung mit der Kultur, der Philosophie und der Kunst des Landes. Selbstverständlich auch mit der Kochkunst. Als Grafik-Designer und Fotograf interessierte mich natürlich auch die Malerei und Kalligraphie, die ich einige Zeit fleißig übte. Übrig geblieben sind ein paar Worte, die ich auf Chinesisch schreiben kann und mein persönliches Zeichen, das sowohl „Fisch", mein Sternzeichen, wie übersetzt auch „Glück" und „Erfolg" bedeutet.

Den richtigen Zugang zur chinesischen Küche fand ich durch persönliche Freundschaft zu einigen Chinesen. Man zeigte mir, dass über den Touri-Restaurants in der Londoner Chinatown echte chinesische Esstempel mit teils versteckten Eingängen liegen, in denen Kinder vergnügt Hühnerfüße abnagen und so exotische Gerichte wie 1.000-jährige Eier und Schlangen serviert werden. Ich tauchte in die private Welt einiger chinesischer Familien ein, die mich stets mit authentischer Küche bewirteten und mir freundlich meine Fragen zur Kochkunst beantworteten. Auch in den Jahren danach führte mein Weg immer wieder in die Chinatowns der großen Städte, die, egal wo man sich befindet, eine große Ähnlichkeit aufweisen. Pulsierendes, lautes Leben, aktiver Handel und Hausfrauen, die oft mehrmals am Tag zum Einkaufen gehen.

So wurde denn das Material zu diesem Buch über mehrere Jahre hinweg zusammengetragen. Es beinhaltet Impressionen aus China selbst. Aus Peking, Kunming und der Himalaya-Region, aber vornehmlich aus den Chinatowns der Städte Kuala Lumpur, Bangkok, New York, London, Amsterdam und San Francisco. Aber das alles ist nicht Referenz genug, um ein komplettes Werk der echten chinesischen Küche zu gestalten, denn das steht gemäß der asiatischen Philosophie nur einem Meister in dieser Disziplin zu. Hingegen finden Sie in diesem Buch eine Einführung in das Thema, grundlegende Techniken und Rezepte. So weitgehend, dass Sie diese Techniken beherrschen werden und Ihre eigenen Ideen auf dieser Basis entwickeln können. Zudem Erklärungen zu vielen exotischen Produkten, die ich auf den Märkten der Welt gesammelt habe.

Wichtig für mich war es, in diesem Buch die Fusion der asiatischen Küche, speziell der chinesischen, mit der europäischen und umgekehrt zu dokumentieren. Die Küchen beider Seiten adaptieren dabei das Beste der jeweils anderen und so entsteht etwas Neues, sehr Gutes und Spannendes wie die euro-asiatische Fusion Cuisine. Den Ideen- und Facettenreichtum dieser Küche belegen wir in diesem Buch durch die Rezepte unserer Sterneköche.

Thomas Ruhl

Dieser Begriff steht für ein kulinarisches Crossover. Die Verknüpfung verschiedener Kochkulturen, Produkte unterschiedlicher Herkunft und die Verwendung von Gartechniken, die nicht ursprünglich aus dem eigenen Kulturkreis stammen. Fusionsküche hat unterschiedliche Ausprägungen. Afrikanische, asiatische, arabische, creolische oder indische Einflüsse finden über interessierte kreative Köche Eingang in die europäische Kochkunst. Dieses Interesse wird durch Reisen oder den Besuch ausländischer Restaurants geweckt und durch den globalen Lebensmitteltransfer gefördert. Dies ist ein wichtiger Beitrag zum kulinarischen Facettenreichtum eines Landes. Das Verständnis für andere Kulturen wird gefördert, der Zugang zu ihnen erleichtert.

Das Dreieck euro-chinesisch-asiatische Fusion Cuisine funktioniert in alle Richtungen. Der Zwei-Sterne-Koch Alvin Leung aus Shanghai lässt sich durch europäische Gerichte und Zutaten ebenso beeinflussen wie der Berliner Sternekoch Tim Raue durch asiatische. In ganz China wird die Nyonya-Küche zunehmend bekannt und beliebt. Hier handelt es sich um eine Fusion Cuisine aus der chinesischen und malaysischen Kochkultur. Bei den Baba-Nyonya oder Peranakan handelt es sich um eine Gruppe von Menschen, die aus der Liaison chinesischer Lohnarbeiter mit malaysischen Frauen hervorgegangen ist. Auch über diese vornehmlich an der Straße von Malakka lebenden Menschen berichten wir in diesem Buch.

Die Chinatowns waren immer wieder Keimzellen der Fusion Cuisine, besonders bei der Assimilation der landestypischen Produkte. Aber auch in China selbst wurde der Speiseplan ständig durch importierte Produkte bereichert. Aus Amerika kamen Kartoffel, Chili und Mais, aus Europa der Weizen und das Bier.

Viele Köche bei uns setzen sich in ihren Gerichten mit der asiatischen Küche auseinander. Einige von ihnen haben diesen Stil lange Zeit verfolgt oder verfolgen ihn konsequent aus Überzeugung weiter. Auf den nächsten Seiten stellen wir Ihnen die Chefs und eine Köchin vor, die bei diesem Projekt mitgearbeitet haben und bei denen ich mich an dieser Stelle ganz herzlich bedanke.

FUSION CUISINE

Das Restaurant „Flow" in Bangkok, hier wird chinesisch-thai-europäische Fusion Cuisine angeboten.

Christian und Yildiz Bau

CHRISTIAN BAU

Nach seiner Ausbildung arbeitete Christian Bau im Hotel „Sonne Eintracht", Achern, in der „Talmühle", Sasbachwalden, dem „Le Canard", Offenburg, und von Dezember 1993 bis März 1998 zunächst als Commis, dann als Souschef von Harald Wohlfahrt im Restaurant „Schwarzwaldstube" im Hotel „Traube Tonbach" in Baiersbronn. 1996 erzielte er den dritten Platz bei der inoffiziellen Weltmeisterschaft der Köche, dem „Prix Taittinger" in Paris. 1997 erwarb er den Meisterbrief. Seit April 1998 ist Christian Bau Küchenchef des „Victor's Gourmet-Restaurant Schloss Berg" in Perl-Nennig. Seine Kochkunst wurde vielfach ausgezeichnet: 1998 etwa kürte ihn die Fachzeitschrift „Der Feinschmecker" zum „Aufsteiger des Jahres", 2005 zum „Koch des Jahres". Seinen ersten Michelin-Stern erhielt Bau 1998, 2005 wurde er mit dem dritten Michelin-Stern zu einem der höchstbewerteten Köche Deutschlands, dazu kommen 19 Punkte im Gault Millau. Christian Baus Stil basiert auf der klassischen Hochküche, die er unter Verzicht auf überflüssige Elemente auf das Wesentliche reduziert, klar, ideenreich, filigran und produktorientiert. Mit seiner Frau Yildiz, die den Service leitet, führt Christian Bau seit 1998 das „Gourmet-Restaurant" und das kleine, aber umso feinere Schlosshotel. Christian Baus wichtigste Station aber war seine Zeit als Souschef bei Harald Wohlfahrt.

www.victors-gourmet.de

TIM RAUE

Schon während seiner Lehre bei Manfred Heising im „Brandenburger Hof" entdeckte Tim Raue seine Faszination für die euro-asiatische Küche. Sein Ziel war es, in Asien zu kochen. Doch nachdem der Gault Millau ihn mit 18 Punkten und dem Titel „Koch des Jahres" ehrte und auch der Michelin ihm für seine Arbeit im „Restaurant 44" einen Stern verlieh, fiel es ihm schwer, Deutschland zu verlassen. Und das Angebot, das er nicht ablehnen konnte, kam von der Adlon Holding: Tim Raue sollte kulinarischer Direktor der Adlon Collection werden. Heute leitet Tim Raue das Restaurant „MA Tim Raue" im Berliner Hotel Adlon. Hier interpretiert er chinesische Küche auf überzeugende Art neu, dabei setzt er vor allem auf frische, regionale Produkte und ausgefallene Aromen. Extravagante Kombinationen von Fisch und Fleisch, Süßem und Bitteren lässt er in neuer, ungewohnter Balance aufeinander treffen. Zu den asiatischen Restaurants gehört neben dem Gourmetrestaurant „MA" auch das japanische Restaurant „uma" und die moderne „shōchū" Bar. Schon jetzt gilt Tim Raue als einer der besten Köche Deutschlands.

www.ma-restaurants.de

Claudia Schröter und Nicolas von Auersperg

OLAF NIEMEIER

Chef Picasso – Olaf Niemeier Art you can eat. In Asien war er ein großer Star, kochte in den besten Hotels und hatte eine eigene TV Show. Weitere Stationen des Weltenbummlers waren Shanghai, Hongkong, Taiwan, aber auch die amerikanischen Metropolen New York und Boston. Seine künstlerische Art, die Gerichte zu stylen und seine ungewöhnliche Art, Dinge zu kombinieren, brachten ihm den Spitznamen „Chef Picasso" ein. Kaum jemand beherrscht die euro-asiatische Küche so perfekt wie er. Seit einigen Jahren ist der Weltenbummler zurück in Deutschland. In seiner Wahlheimat Hamburg vermittelt er sein umfangreiches Wissen in Kochkursen und bei Events.

www.chefpicasso.de

CLAUDIA SCHRÖTER

Nach ihrer Ausbildung im „Hotel Goldener Knopf" in Bad Säckingen führten Neugier sowie eine wachsende Leidenschaft für ihren Beruf Claudia Schröter zu verschiedenen Stationen, darunter das Restaurant Dieter Müller im „Schlosshotel Lerbach" in Bergisch Gladbach, in dem sie die mediterrane Küche schätzen lernte. Weiter führte sie ihr Weg über London, die „Villa Joya" an der Algarve in Portugal, die Schweiz und das Hotel „Grande Roche" in Paarl, Südafrika, zurück nach Deutschland. Nach einer Station im „Landhaus Stricker" auf Sylt kam Claudia Schröter zurück nach Köln, zunächst in das Gourmet-Restaurant „Graugans", das zu dieser Zeit Fusionküche servierte. Im Sommer 2006 lockte sie die verantwortungsvolle Position als Küchenchefin des ostasiatischen Spezialitätenrestaurants „taku" in das „Excelsior Hotel Ernst". Im Oktober 2009 wurde ihr die kulinarische Gesamtverantwortung auch für das Gourmetrestaurant „Hanse Stube" im gleichen Haus übertragen. Küchenchef im „taku" ist seither Nicolas von Auersperg. Claudia Schröter kreiert mit ihrem Küchenteam innovative französische Küche mit kulinarischer Finesse. Vom „Aral Schlemmer Atlas" wurde sie 2009 auf Platz 6 der 21 besten Köchinnen aus sieben Ländern gekürt. Ihre Vorliebe für die mediterrane Küche, gepaart mit ihrem Können in der asiatischen und der innovativen französischen Küche, befähigt Claudia Schröter zu ganz eigenen und innovativen Ansätzen der euro-asiatischen Fusionküche.

www.excelsiorhotelernst.com

Schon früh beschäftigte sich Michael Kreiling mit dem Thema Kochen. Während die

Harald Wohlfahrt (Restaurant „Schwarzwaldstube") angetreten. Als Küchenchef war

Matthias Ludwigs ist Pâtissier mit solider Ausbildung. Nach seiner Lehre zum Koch

Jörg Sackmann ist Küchenchef und Inhaber des „Romantik Hotels Sackmann" in Baiersbronn. Neben den beiden Drei-Sterne-Köchen Claus Peter Lumpp und Harald Wohlfahrt ist er die junge kreative Kraft dieses kleinen Ortes, derzeit ausgezeichnet mit einem Michelin-Stern und damit eher unterbewertet. Sackmann hat sein Handwerk bei einigen Großen der Szene erlernt. Harald Wohlfahrt, Henry Levy aus dem „Maître", Eckart Witzigmann und Albert Kellner aus dem „Brenner's Park-Hotel" waren seine Aus- und Weiterbilder. Im Jahr 2002 übernahm er mit seiner Frau Annemarie das elterliche Hotel.

Neben Stube und Hotelrestaurant betreibt er in seinem Haus das Gourmet-Restaurant „Schlossberg". Hier wird Jörg Sackmanns neue, von der Liebe zu Aromen geprägte leichte Küche serviert. Das Restaurant ist Jörg Sackmanns kreative Spielwiese. Avantgardistische Kochtechniken werden da eingesetzt, wo sie Sinn machen. Jedes Gericht hat ein Thema und ist durchkonzipiert, klar, voll und prägend in den Aromen, gleichzeitig leicht, ungewohnt und modern. Bindendes Element dabei ist Jörg Sackmanns „Steckenpferd", das Aroma.

www.hotel-sackmann.de

JÖRG SACKMANN

Bäuerin in Südchina

INHALT

- 002 Caught by fascination
- 004 Fusion Cuisine
- **006 Porträts der Köche:**
  Christian Bau, Tim Raue, Olaf Niemeier, Claudia Schröter
- 008 Michael Kreiling, Matthias Ludwigs, Jörg Sackmann
- 012 Chinatown is everywhere
- **022 Die Esskultur, Die Küche Chinas**
- 024 Yin und Yang
- 026 Die Tischkultur
- 028 Die Tischsitten
- 030 Essstäbchen
- 032 Gan bei, Trockne das Glas
- 034 Reiswein
- 036 Schnaps, Wein und Bier
- 038 Tee, Zeremonienmeister
- 040 Der Wok, Spezielle Kochtechniken
- 042 Der chinesische Feuertopf oder huo guo
- 046 Chinesische heiße Platte, Dämpfen
- 048 Dim Sum
- 052 Frittieren im Wok
- **054 Chinas Regionalküchen**
- 056 Die Schule des Südens
- 060 Die Schule des Westens
- 064 Die Schule des Ostens
- 066 Die Schule des Nordens
- 070 Die Peking-Küche
- 072 Welcome to Beijing
- 076 Die Palastküche
- **080 Die Pekingente**
- Rezepte von Claudia Schröter
- 082 Glasierte Entenleber aus dem Wok mit gesalzenen Sojabohnen und Knoblauch
- 084 Pekingentenhaut serviert mit Crêpes, Pekingentensauce, Lauch, Gurke und Chili
- 086 Tempura vom Pekingentenflügel mit Gambas gefüllt, Pekingentenessenz mit Shiitake-Pilzen und Eierstich
- 088 Gebratene Pekingentenbrust auf jungem Gemüse, Entenhack von der Keule
- **090 Beijing City Food Experience**
- 092 Asien ist Fast Food-Land
- 094 Garküchen, die chinesischen Imbissbuden
- 098 Chinesische Spuren in der Stadt des Lächelns
- 100 Chinese-Thai-Fusion Cuisine
- 102 Flow – In Genüssen treiben lassen
- 104 Yuan, das China-Restaurant
- 106 Oriental Express
- 108 Streifzüge durch Chinatown
- **Lexikon und Rezepte**
- 110 Rambutan
- 112 Süße Rambutan-Dim Sum mit Guavensorbet und Knusperteig von **Matthias Ludwigs**
- 114 Longkong, Longan
- 116 Grüntee-Cake mit Longans und Kalamansisorbet von **Matthias Ludwigs**
- 118 Durian, Jackfrucht
- 120 Jujube
- 122 Mangostane, Java-Apfel
- 124 Guave, Feijoa
- 126 Langustinennudeln mit rotem Thai-Curry-Salz, Poverade und Tamarindenjus von **Jörg Sackmann**
- 129 Tamarinde
- 130 Kaffir-Limette, Pitaya
- 132 Balik-Lachs „Tsar Nikolaj", Limonenblatt-Pannacotta, Avocadosalsa von **Michael Kreiling**
- 134 Mango, Grüne Mango
- 136 Gänsestopflebermousse, Thai-Mango, Baumkuchen, Nougat von **Michael Kreiling**
- 139 Manila-Mango
- 140 Marinierter Koriander-Hirame serviert auf einem Mango-Chili-Spaghetti-Salat an Molke-Kefir-Sud von **Olaf Niemeier**
- 142 Cherimoya, Kaki
- 144 Rothirsch-T-Rack, Sandelholzjus & Kaki mit Passionsfrucht und Orangenschale von **Tim Raue**
- 146 Murahata-Melone, Bittermelone
- 148 Murahata-Melone mit Orangenblütenbaiser, Calissoneis mit Himbeersauce und Pistazienöl von **Tim Raue**
- 150 Bananenblüte, Bananenblätter
- 152 Pandangblätter, „Karma"-Orchidee
- 154 Pennywort, Shiso-Blätter
- 156 Roter Senf, Praew-Blätter
- 158 Langer Koriander
- 160 Cha Plu-Blätter, Reisfeldpflanze
- 162 Wasserspinat, Wassermimose
- 164 Langustinensushi mit Ponzu und parfümiertem Langustinentee von **Christian Bau**
- 166 Zitronengras
- 168 Thai-Schnittlauch, Aloe Vera
- 170 Aloe Vera, Purpur-Süßkartoffel, Manila-Mango von **Matthias Ludwigs**
- 172 Chili
- 174 Fisch-Curry mit Chili und Curryblättern, serviert an mit Zitronenzwiebelsamen parfümiertem Reis und Pak-Choi von **Olaf Niemeier**
- 177 Pak-Choi
- 178 Galadium, Thai-Spargel
- 180 Papaya, Okra
- 182 Schlangenbohnen

184	Mieral-Maispoularde mit rotem Thai-Curry, Cha-Plu-Schlangenbohnen und Ginkgo von **Michael Kreiling**	216	Cubio, Wasabi
188	Flügelbohnen, Petaibohnen	218	Label-Rouge-Lachs mit Sojasaucenschaum, asiatischem Gemüse und Wasabi-Risotto von **Michael Kreiling**
190	Mungbohnen, Chayote		
192	Kingfish-Sashimi, Limonen-Teriyaki-Marinade, Sesam-Grue-Kruste, Chayote-Papayasalat von **Michael Kreiling**	220	Lachs und Gemüse-Tempura mit Safran-Tabouleh an einer pikanten asiatischen Sauce von **Olaf Niemeier**
194	Gillardeau-Auster mit Austernkraut, Schalottenkrokant und Chili-Schalotten-Pulver von **Jörg Sackmann**	222	Ibia, Lotoswurzel
		224	Bärenkrebs, Lotoswurzelessenz, Galangawurzel, Galadium Colocasistalk von **Michael Kreiling**
197	Auberginen	226	Kurkuma, Ingwer
198	Erbsenauberginen, Luffaschwamm	228	Karamellisierte Seeteufelsteaks auf einem Ragout von indischen weißen Linsen mit Masala-Kartoffeln und Ingwer-Pesto von **Olaf Niemeier**
200	Butternut-Kürbis, Hokkaidokürbis, Chinesischer Brokkoli		
202	Chinesischer Brokkoli, marinierter Tofu, Tandoori-Panko, Bambuswurzeln von **Michael Kreiling**	230	Galanga, Großer Galgant
204	Sandwich vom Blue-Fin-Thunfisch mit Jakobsmuscheln, Pflaumenchermola und Fingerlime von **Jörg Sackmann**	232	Wasserkastanien, Tarowurzel
		234	Arrowhead oder chinesische Kartoffel, Maniok
		236	Yamwurzel, Yambohne
207	Chinakohl	238	Soja – die Wunderbohne
208	Bambussprossen, Krachai	242	Würzsaucen
210	Yellow-Fin-Thunfisch, Jakobsmuschel, Krachai, Gemüse-Papaya von **Michael Kreiling**	244	Rinderfilet, Soja-Knoblauchmarinade, scharfer Chinakohl, Basmati-Reistaler von **Michael Kreiling**
212	Mieral-Entenbrust, roter Thai-Curryschaum, Kang-Kung-Gemüse von **Michael Kreiling**	246	Reis
		250	Chinesische Nudeln
215	Palmenherz		

252	Red Snapper, Shiitake-Pilze, Sojasprossen, chinesische Eiernudeln von **Michael Kreiling**	288	Muscheln: Tapes literatus, Indo-pazifische Venusmuschel, Blood Cockle, Venusmuschel, Chinesische Auster, Abalone, Bambusmuschel, Mirugai
254	1000-jährige Eier, Mu-Err, Black Fungus		
256	Shimeji, Weißer Shimeji	290	Abalone mit knackig-saurem Gemüse und Kimizu-Mayonnaise von **Christian Bau**
258	Tuna mit Yuzu, Sesam-Aioli und Gurke von **Christian Bau**		
261	Matsutake	292	Abalone mit Spargel, Estragon, Wasabi und Radieschen von **Tim Raue**
262	Enokipilz, Golden Enoki		
264	Udon-Nudelsuppe, Kamm-Muscheln, Golden Enoki, Sake von **Michael Kreiling**	294	Krustentiere: Heuschreckenkrebs, Bärenkrebs
266	Shiitake, Pom-Pom-Blanc	296	Langusten, Rosenberg-Süßwassergarnele
268	Die Baba-Nyonya in der Straße von Malakka	298	Langustenmedaillon, Passionsfrucht-Vinaigrette, Pattaya-Mangosalsa von **Michael Kreiling**
274	Rezepte aus dem Kelana Seafood Restaurant		
276	Getrockneter Kalmar, Getrockneter Tintenfisch	300	Wollhandkrabben
278	Getrocknete Minifischchen	302	Steinköhler mit Soft Shell Crab, Chicorée-Emulsion und Harissa-Galette von **Jörg Sackmann**
280	Schwimmblase, Eintopf von Fish Maw, Jakobsmuscheln und grüner Paprika mit Zitrone von **Tim Raue**	305	Soft Shell Crab
		306	Mangrovenkrabbe, Flower Crab
282	Seegurken, Jellyfish	308	Index
284	Seegurke mit Hongkong-Kailan, Trüffel, rotem Chili und Nam-Pla-Brühe von **Tim Raue**	310	Buchtipps – Edition Port Culinaire
		312	Impressum
286	Japanische Seegurke mit Tamari-Sekigahara-Sud (Champignons – Fingerlime – Walnuss – Zitronenschale – Rosenapfel – Frühlingslauch) von **Tim Raue**		

Mysteriös und fremdartig exotisch wirken die Chinesenviertel der Welt auf den Besucher. Ein kleines Stück altes China, hinausgehoben aus der Heimat und integriert in eine fremde Kultur irgendwo auf der Welt. San Francisco, Kuala Lumpur, Amsterdam oder London. Es beflügelt die Phantasie, was mag sich hinter den Fassaden abspielen? Verrauchte Spielhöllen, in denen grell geschminkte Damen den Bossen der chinesischen Mafia harte Getränke reichen. Opiumkeller, Zauberei und Magie. So jedenfalls stellen uns Regisseure wie John Carpenter diese Welt vor. Sein Film „Big trouble in little China" erzählt von Bandenkriegen, Kung Fu und mächtigen Zauberern.

Sicher waren die chinesischen Stadtviertel, „tang ren jie", „Straßen der Tang-Menschen", wie die Bewohner sie selbst nennen, einst von hygienischen Missständen geprägt und chaotisch beziehungsweise gar nicht organisiert. Dies hat sich in den meisten Chinatowns gründlich geändert. Die chinesische Bevölkerung integriert sich mehr und mehr in das Lebensumfeld, und der Tourismus bringt zusätzlich Geld und somit Wohlstand in die asiatischen Enklaven. Sicher sind die sozialen Voraussetzungen in den einzelnen Ländern unterschiedlich. Und doch: Die Chinatowns dieser Welt sind sich alle recht ähnlich. Man betritt sie durch große Eingangstore mit farbigen Pagodendächern, findet daoistische und buddhistische Tempel und ist überrascht über die hohe Bevölkerungsdichte. Oft sind die Chinatowns kulturell, gesellschaftlich, aber auch wirtschaftlich selbstständig. Beschriftungen sind auf Chinesisch, bestenfalls zweisprachig, und traditionelle Feste wie das chinesische Neujahrsfest füllen die Straßen mit farbigem bunten Treiben.

Die Chinatowns dieser Welt entstanden aus unterschiedlichen Beweggründen. Die ältesten Chinatowns wurden vor mehr als 300 Jahren von Händlern gegründet. Zu ihnen zählen das Viertel Shinchi-machi in Nagasaki, Japan, ohnehin ein „Abkömmling" der chinesischen Kultur, und die quirlige Chinatown Bangkoks mit ihren glitzernden Goldgeschäften, geheimnisvollen Apotheken und reichen Foodmärkten im Stadtteil Samphan Thawong. 10–15 Prozent der heutigen Bevölkerung Thailands sind chinesischer Abstammung. In Kuala Lumpur, Malaysia, sind es sogar 50 Prozent. Als älteste Chinatown außerhalb Asiens gilt diejenige im australischen Melbourne. Der Lockruf des Goldes führte während des großen viktorianischen Goldrausches 1851 Einwanderer aus vielen Ländern, so auch aus China, nach Australien. Man schürfte nach Gold, baute Eisenbahnen und Telegrafenleitungen und besiedelte bis dato unbewohnte Gegenden. Da die Chinesen hier wie oft auch in anderen Teilen der Welt von der ursprünglichen Bevölkerung wegen deren rassistischer Vorurteile ausgegrenzt wurden, schufen sie ihre eigenen Lebensräume. Die Auswanderung großer Teile

CHINATOWN IS EVERYWHERE

der chinesischen Bevölkerung nahm nach dem 2. Opiumkrieg zu, in dem China Großbritannien und Frankreich endgültig unterlag. Am 18. Oktober 1860 musste China die Pekinger Konvention unterzeichnen, die dem Land allerlei Wiedergutmachungen aufbürdete. Unter anderem hatte China seinen Bürgern die Auswanderung auf britischen Schiffen – bis zu diesem Zeitpunkt illegal – zu gestatten. Billige chinesische Arbeitskräfte waren gefragt. Die zuvor herrschende Qing-Dynastie hatte jeden Ausreiseversuch mit dem Tode bestraft. Vor den Opiumkriegen und dem Taiping-Aufstand, der 20 Millionen Menschen das Leben gekostet hatte, hatte aufgrund des allgemein herrschenden Wohlstands kaum jemand an Auswanderung gedacht. Die Massenarmut der Nachkriegszeit jedoch führte zu Massenauswanderungen, zunächst in andere asiatische Länder, später in die ganze Welt. Es waren hauptsächlich Menschen aus den Küstenprovinzen Fujian und Guangdong, die dem Ruf der Ferne folgten. In China als Verräter betrachtet, suchten diese Bewohner aus dem Südosten Chinas ihr Glück in Amerika und Australien. Sie brachten ihre Sprachen und Dialekte, vor allem aber ihre landestypischen Gerichte in die neue Heimat mit. Dem Einfluss dieser neuen Heimat und deren Produkte unterworfen entstanden neue Kreationen. Zum Beispiel das Gericht Chop Suey, das vermutlich gegen 1860 in Kalifornien kreiert wurde und das aus dem Kantonesischen übersetzt etwa „verschiedene Reste" bedeutet. Wie der Glückskeks, eine Erfindung des 20. Jahrhunderts, ist es in China unbekannt. Das Leben der frühen Auswanderer war nicht leicht. Um der „Gelben Gefahr" entgegenzuwirken, war die Einreise für die Ehefrauen der Arbeiter vielerorts nicht erlaubt, es herrschte Männerüberschuss. Chinesische Männer verdienten ihren Lebensunterhalt auf peruanischen Guano-Feldern, auf Zuckerrohrplantagen in Kuba oder bauten für Amerikaner Eisenbahnen. Und auch in Amerika folgten sie dem Gold. Ganze Dorfgemeinschaften, ja ganze Landstriche entsandten ihre männliche Bevölkerung zur Goldsuche nach Kalifornien. Die Frauen blieben zu Hause und versorgten die Schwiegereltern, das war ihre Pflicht. Die Männer sandten ihr verdientes Geld zum Unterhalt der Familien nach China, in der festen Überzeugung, selbst bald wieder heimzukehren. Viele von

ihnen blieben jedoch in der Fremde, insgesamt kamen in der Zeit des Goldrausches 300.000 Chinesen in die Vereinigten Staaten. Angesichts der großen Zahl der Einwanderer entbrannte unter der einheimischen Bevölkerung Rassenhass, der sich in Übergriffen auf die Chinesen entlud.

Im Jahre 1871 fiel ein Mob von über 500 Personen in die Chinatown von Los Angeles ein und tötete mindestens 20 Chinesen. 1877 entbrannte ein anti-chinesischer Aufstand in San Fransisco, an dem sich über 10.000 Personen beteiligten und der von der Armee, der Flotte und liberalen Bürgerwehren erst nach drei Tagen beendet werden konnte. Doch diese Übergriffe waren nicht die einzigen. Hunderte von organisierten Übergriffen richteten sich gegen die chinesischen Einwanderer. Auch die einzige Chinatown

Deutschlands in Hamburg fiel dem Rassismus zum Opfer. Sie wurde von den Nationalsozialisten geräumt. Der Hass auf die Chinesen führte in den USA zu zahlreichen anti-chinesischen Gesetzen, die das alltägliche Leben und die Wahrung der kulturellen Identität der Zuwanderer einschränkten. So wurde der Zopf, die traditionelle Haartracht, verboten und das Wohnen nur in bestimmten Gegenden erlaubt. Das Rauchen von Opium, im 19. Jahrhundert aufgrund der Überschwemmung des chinesischen Marktes durch die Briten unter der Bevölkerung weit verbreitet, war verboten. Der Chinese Exclusion Act schloss schließlich die Grenzen für chinesische Einwanderer, was primär die Familienzusammenführung verhinderte. In dieser Zeit wurden die Chinesen geradezu in Chinatowns gezwängt.

So durften in San Fransisco die nahezu 25.000 Chinesen gerade einmal zwölf Häuserblocks bewohnen. Diese unwürdigen Lebensbedingungen förderten eine erhebliche Kriminalität. Ein Leben geprägt von Glücksspiel, Drogen, Prostitution und Bandenkriegen führte zur Abwanderung der desillusionierten Bewohner, oft zurück nach China. So reduzierte sich die Zahl der Einwohner der San Fransisco Chinatown auf ca. 7.500 Anfang der 1920er Jahre. Das Image der chinesischen Bevölkerung verbesserte sich nur langsam. Erst als China im Zweiten Weltkrieg Verbündeter der USA war, wurde der Chinese Exclusion Act wieder aufgehoben. Heute erstrahlt die Chinatown San Fransiscos in einem neuen Glanz und ist mit 80.000 Einwohnern die größte in den USA. Betritt man das asiatische Reich zwischen Nob Hill, Powell Street und North Beach durch das legendäre Dragon Gate, so stößt man auf eine Welt, in der sich die Identität der vornehmlich kantonesischen Einwanderer insbesondere im kulinarischen Bereich erhalten hat. Nach Europa kamen die ersten Chinesen als Seefahrer und Hafenarbeiter. Die größte Chinatown in Europa befindet sich im 13. Arrondissement in Paris, zwischen der Avenue d'Ivry, der Avenue de Choisy und der Rue de Tolbiac. Im Grand Quartier Chinoise befinden sich zahlreiche authentische Restaurants und gute Geschäfte mit chinesischen Lebensmitteln. Auch die Supermärkte auf der Avenue d'Ivry sind empfehlenswert. Weitere sehenswerte Chinatowns in Europa gibt es in London Soho, in Brüssel, in Antwerpen sowie im Amsterdamer Rotlichtviertel.

DIE ESSKULTUR

Die westliche Kultur ist seit jeher von einem Kampf gegen die Unbilden der Natur geprägt. Bis heute versucht unsere Landwirtschaft dem Boden etwas „abzuringen". Wir wollen die Natur beherrschen und von ihr profitieren. Sicher ist das im heutigen China auch so, ja sogar extremer als bei uns. Doch früher dachte man anders. Die alten Chinesen betrachteten die Welt als ein komplexes harmonisches Ganzes, als einen großen Organismus, bestehend aus allen Elementen. Der Mensch ist Teil dessen und sollte versuchen, in diesem Rhythmus zu leben. Eins zu werden mit der Natur bringt höchstes Glück und inneren und äußeren Frieden. Die Nahrung, deren Zubereitung und das Essen selbst sind Teil dieses Harmoniebestrebens. So wurde das Kochen und Genießen als eine Art Kunstform gesehen und weitaus vielschichtiger definiert als bei uns. Musste Essen bei uns primär satt machen und schmecken, so kommen in China weitere Aspekte wie etwa der ästhetische hinzu. Die chinesische Kultur ist von einem starken Stilgefühl geprägt, das sich selbstverständlich auch in der Kochkunst widerspiegelt. So finden Drachen, Löwen und Ornamente, wie sie Chinas Paläste und Tempel zieren, ihr Pendant in kunstvollen Gemüseschnitzereien und in grandiosen Eisskulpturen für die Tafel. „Eine Frau kann noch so schön sein, aber in Lumpen gekleidet wird man ihre ganze Schönheit nicht entdecken", heißt es: Da die einzelnen Gerichte in Schälchen oder auf Platten meist mundgerecht zerkleinert aufgetragen werden, ist das Anrichten der Speisen selbst zweitrangig. Nicht jedoch das Porzellan. „Schönes Essen ist nicht so wichtig wie schönes Geschirr", sagte zwar nicht Konfuzius, aber der Volksmund. Zur ästhetischen Dimension gehört allerdings auch die Farbe des Essens. Man unterscheidet weißes Kochen und rotes Kochen, zu dem Sojasauce eingesetzt wird.

Ein weiterer wichtiger Aspekt der chinesischen Küche ist das, was man heute als „functional food" bezeichnen würde. Was bewirkt das Essen im Körper, welchen Einfluss hat es auf mein Wohlbefinden und meine Organe? So ist Nahrung auch Teil der traditionellen chinesischen Medizin, die weniger heilend als vorbeugend, Krankheit vermeidend beziehungsweise Mangelerscheinungen entgegenwirkend und gesundheitsfördernd zu begreifen

ist. In diesen Bereich gehören auch Gerichte, die eigentlich nur wegen ihrer Konsistenz und kräftigenden Wirkung auf den Körper gegessen werden, wie Schwalbennester und Haifischflossensuppe. Ihre stärkste Ausprägung findet die chinesische Gesundheitsküche in der Ernährungslehre der Fünf-Elemente-Küche, die sich aus der Fünf-Elemente-Lehre ableitet und alle Lebensbereiche des Menschen durchdringt. Die Elemente beschreiben nach der daoistischen Lehre fünf Wandlungsphasen vom Werden über das Sein und die Veränderung bis zum Vergehen. Den fünf Elementen werden Begriffe zugeordnet, die jeweils nur im entsprechenden Zusammenhang zu verstehen sind. In Bezug auf Geschmack steht Holz für sauer, Feuer für bitter, Erde für süß, Metall für scharf und Wasser für salzig. Grundsätzlich gilt es, die fünf Elemente und somit Körper und Seele im Gleichgewicht zu halten. So bleibt der Organismus stark und wird nicht krank. Die Ernährung ist dabei individuell auf den Menschen und seine Lebensumstände abgestimmt. Entsprechend der Yin- und Yang-Philosophie, die das Gleichgewicht zweier gegensätzlicher Strömungen als Grundlage jeglicher Harmonie sieht, werden dabei Lebensmittel in Yang, das Sonnige, Warme, Helle und Trockene, und Yin, das Schattige, Kühle, Dunkle, Flüssige eingeteilt. Stark Yin-haltige Lebensmittel kühlen den Organismus. Dazu gehören Orangen, Melonen, Gurken und Tomaten. Zu den stark Yang-haltigen Lebensmitteln gehören Knoblauch, Gewürze, Fenchel, Fleisch und Fisch. Einige Lebensmittel stehen durchaus auch im Yin-Yang-Gleichgewicht. Sie sind neutral, wie Kohl, grüne Bohnen, Hirse oder Mais. Oder sie weisen mehr oder weniger Yin und Yang auf. Besonders in Südchina spielt der Gesundheitsaspekt beim Essen eine wichtige Rolle. Ein gutes Essen beurteilt man letztendlich nach seinem Gesamteindruck, vermittelt durch Optik, Farbe, Aroma, Würze, Konsistenz und natürlich Zutaten.

YIN UND YANG

Während chinesische Restaurants heute oft großräumig angelegt sind, so bestanden sie historisch aus einzelnen Räumen unterschiedlicher Größe, in denen die Gästegruppen unter sich waren. Der übliche Tisch ist rund mit einem Drehteller in der Mitte, mit dessen Hilfe der Gast die Köstlichkeiten zu sich heranholen kann. Eine klassische Menüfolge gibt es in China nicht wirklich. Auch bei uns ist sie eine neuere Erfindung der Haute Cuisine, die sich Ende des vorletzten Jahrhunderts in noblen Seebädern aus der kulinarischen Landschaft erhob. Im Großen und Ganzen gilt: Leichte Speisen werden vor schweren serviert, salzig vor süß und Suppen nach den festen Speisen. Was logisch ist, denn hier werden die Kochbrühen, z.B. die des Feuertopfs, als Basis genutzt. Zudem sagt man, dass die Flüssigkeit die letzten freien Räume im Magen füllt. Die Folge der Speisen zu bestimmen obliegt dem Gast und seinem Geschick, nacheinander die Gerichte zu bestellen. Weder Koch noch Service werden Einfluss darauf nehmen und alles wie geordert servieren. Bestellt der Gast, wie oft üblich, alles auf einmal, so wird sich der Esstisch rasch mit allem Georderten füllen. In vielen Restaurants ist es Sitte, die Rohware zu besichtigen und dann seine Wahl zu treffen, wobei man viele verschiedene Gerichte bestellt. Auch Reis muss extra geordert werden und wird nicht, wie in den China-Restaurants bei uns, automatisch mitserviert. Die Tageszeit hat keinen Einfluss auf die Art der Speisen. So werden morgens, mittags und abends im Prinzip die gleichen Gerichte gegessen.

Die Tischmanieren in China wirken auf uns ebenso befremdlich wie unsere Gebräuche auf die Chinesen. In China ist es gang und gäbe zu schmatzen, ja durch plakatives Schmatzen kundzutun, dass es einem schmeckt. Ebenso ist das Rülpsen zu verstehen. Man lacht bei Tisch laut, kaut und redet dabei mit vollem Mund. Hingegen gilt das Schnäuzen als sehr unfein, warum man hierfür die „Restrooms" aufsucht. Wichtigen Gästen und Respektspersonen wie älteren Menschen reicht man die besten Stücke. Besondere Gäste nehmen zu beiden Seiten des Gastgebers Platz, der sich von nun an um diese kümmert. Um nicht sein Gesicht zu verlieren, offeriert der Gastgeber mehr Speisen, als die Gäste verzehren können. Nicht genug aufzutischen oder nur so viel, dass

Teezeremonie in einem Pekinger Restaurant

DIE TISCHKULTUR

die Gäste es schaffen alles aufzuessen wäre eine Schmach.

Gegessen wird traditionell mit chinesischen Essstäbchen. Wer beim Essen asiatischer Gerichte mit Stäbchen glänzen will, benötigt einige Übung. Aller Anfang ist schwer, doch wer die Technik einmal im Griff hat, kann durch souveränen Einsatz der Stäbchen überzeugen. Hier eine Kurzanleitung zur richtigen Handhabe:

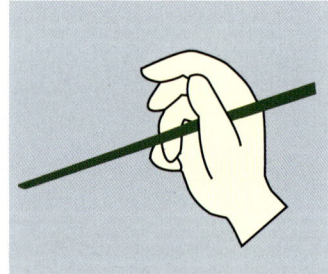

Legen Sie eines der beiden Stäbchen in die Beuge der rechten Hand, zwischen Daumen und Zeigefinger. Das dickere Ende des Stäbchens sollte ungefähr ein Drittel über den Handrücken hinaus-

DIE TISCHSITTEN

Zu Tisch bei einer Bauernfamilie

ragen, im Inneren der Hand liegt das Stäbchen auf der Ringfingerspitze. Stützen Sie das Stäbchen mit dem Ringfinger so ab, dass es sich beim Essen nicht bewegt.

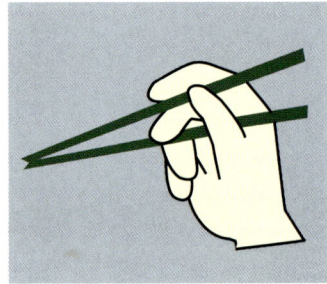

Das zweite Stäbchen legen Sie zwischen Mittel- und Zeigefinger und drücken mit der Daumenkuppe dagegen, etwa so, als würden Sie einen Stift in der Hand halten. Die Spitzen der beiden Stäbchen müssen übereinander liegen.

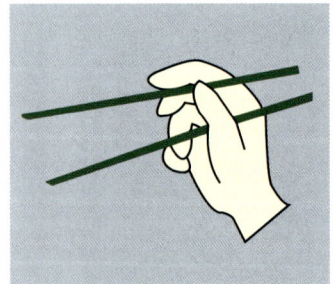

Der Mittelfinger steuert nur das obere Stäbchen, das untere bleibt fest eingeklemmt. Beugen Sie nun den Zeige- und Mittelfinger leicht, so können Sie mit den Spitzen der Stäbchen asiatische Köstlichkeiten fassen und festklemmen.

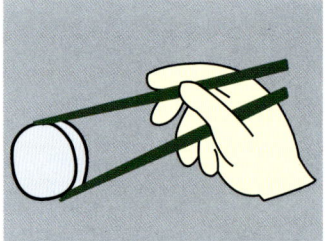

Eine weitere Empfehlung: Fassen Sie die Stäbchen möglichst weit hinten, damit die Hebelwirkung optimal ist.

Bei Essstäbchen handelt es sich um ein Paar gleichlanger Stäbchen, meist aus Holz oder Elfenbein gefertigt, die in Ostasien (China, Japan, Korea, Vietnam) und zum Teil in Thailand als Essbesteck verwendet werden. Üblicherweise werden Speisen hier so vorbereitet, dass man sie problemlos ohne Messer essen kann. Mit Hilfe der Essstäbchen wird das Essen gegriffen. Allerdings besteht auch die Möglichkeit, mit ihnen Dinge zu „schaufeln" – genau wie mit einer Gabel auch. Stäbchen werden häufig als alleiniges Besteck genutzt, oder aber durch einen Löffel ergänzt.

Bereits um 1.500 v. Chr. fanden Stäbchen in China Verwendung, wie Gräberfunde aus dieser Zeit beweisen. Durch die Wanderung buddhistischer Priester und Missionare gelangten die Stäbchen im 7. Jahrhundert von China nach Korea und Japan. In Ländern, die kulturell von China beeinflusst wurden, sind Stäbchen als Essbesteck allgemein verbreitet. Chinesische Essstäbchen unterscheiden sich etwas von japanischen, die deutlich kürzer sind und wesentlich griffiger.

Angeblich trainiert die Verwendung von Essstäbchen sogar das Gehirn, da beide Gehirnhälften angeregt und

ESSSTÄBCHEN

GAN BEI, TROCKNE DAS GLAS

Partystimmung in einem chinesischen Szenelokal

beansprucht werden. Kindern wird oftmals bereits im Kindergartenalter beigebracht, mit Stäbchen kleine Gegenstände wie Murmeln aufzusammeln.

Für die ganz Kleinen gibt es zum Einstieg eine ganz eigene Methode des Stäbchenessens: Zwischen die Enden der Stäbchen wird ein Stück Pappe geklemmt, die Enden selbst werden eng mit einem Gummiring umwickelt, so dass die Stäbchen wie eine Pinzette funktionieren und sich besser halten lassen.

Etwas andere Benimmregeln

Niemals sollten Sie Essstäbchen senkrecht in einer Reisschale stecken lassen. Denn dabei handelt es sich um ein Ritual, das nur bei Trauerzeremonien stattfindet. Auf diese Art und Weise wird der Verstorbenen gedacht. Auch sollte man kein Essen von Stäbchen zu Stäbchen weitergeben. Wie auch hierzulande kann das Spielen mit Essstäbchen am Tisch den Tischsitten widersprechen und zu einer Rüge führen. Ebenso sollte man mit einem Stäbchen nie auf eine Person oder Dinge deuten oder die Spitzen auf den Tisch legen. Zur Ablage dienen kleine „Bänkchen".

Suppen verzehrt man mit dem Porzellanlöffel. Dabei schlürft man wie bei einer Weinverkostung, um den Geschmack zu forcieren. Schöpfkellen aus Messinggeflecht kommen beim Feuertopf zum Einsatz um das Gargut auszuheben. Genauso opulent wie bei der Aufnahme von Speisen geht es beim Genuss alkoholischer Getränke zum Essen zu. In China wird der Konsum von Wein immer beliebter. Nicht zuletzt wird auch die Qualität der in China angebauten Weine zunehmend besser. Außerdem werden viele Schnäpse und Bier getrunken. Das Tsingtao Bier aus der gleichnamigen Stadt, eine ehemalige deutsche Kolonie, ist unserem Bier sehr ähnlich. Das Glas wird nach dem Trinkspruch „Trockne das Glas" (gan bei) in einem Zug geleert, um dem Gastgeber Respekt zu zollen. Dieser wird stets bemüht sein, dieses direkt wieder zu füllen.

Reiswein

Ursprung: Das genaue Datum der ersten Reisweinherstellung lässt sich heute nicht mehr genau rekonstruieren. Die Produktion von Reiswein war lange Zeit nur der Obrigkeit gestattet. Heute sind die unterschiedlichen Reiswein-Arten beliebte Getränke in Asien, häufig werden sie in der Küche zum Würzen von Speisen verwendet.

Beschreibung: Die Bezeichnung „Reiswein" ist eigentlich ein wenig irreführend, da der Herstellungsprozess des Getränks eher dem Bierbrauen als dem Weinkeltern ähnelt. Je nach Qualität der Zutaten entsteht ein mehr oder weniger hochwertiges Produkt. Vor dem Brauen wird der Reis poliert, gewaschen, eingeweicht und anschließend gedämpft. Die so vorbereitete Masse wird dann mit einem Pilz versetzt, der durch ein Enzym die Reisstärke in Glukose und Eiweiß in Aminosäuren wandelt. Die Maische wird nun mit Wasser und Hefe versetzt, zum Schutz vor Bakterien wird Milcheiweiß zugefügt. In der anschließenden Reifephase fermentiert die Maische in großen Tanks, dabei setzt die Hefe Glukose in Alkohol um. Die aus der gepressten Maische gewonnene Flüssigkeit wird dann filtriert und pasteurisiert. Nach einer Ruhe- und Lagerungsphase wird das Produkt in Flaschen abgefüllt und in den Verkauf gegeben.

Kulinarisches: Man unterscheidet zwischen dem japanischen Sake und dem Mirin sowie dem chinesischen Shaoxing, die allesamt aus Reis gewonnen werden. Mirin ist eine süßliche,

REISWEIN

SCHNAPS, WEIN UND BIER

sirupartige Variante des Reisweins, die 14% Alkohol enthält und fast ausschließlich zum Würzen von Speisen verwendet wird. Der bernsteinfarbene Shaoxing wird von Chinesen bevorzugt, hat einen Alkoholgehalt von 18% und schmeckt ebenfalls leicht karamellig-süßlich. Sake gilt als Volksgetränk der Japaner und steht als Ausdruck für die japanische Seele und Lebensart. Wie auch Tee darf Sake bei feierlichen Anlässen und religiösen Ritualen nicht fehlen. Sein Alkoholgehalt liegt zwischen 14 und 17%, seine Farbe ist meist sehr hell, er wird sowohl zum Würzen als auch als Getränk sehr geschätzt. Da Reiswein im Geschmack an Sherry erinnert, kann er in Ausnahmefällen beim Kochen durch diesen ersetzt werden.

Likör & Schnaps

Baijiu

Das Nationalgetränk Chinas heißt Baijiu. Baijiu ist ein klarer, hochprozentiger Schnaps, der aus Getreide, meist Hirse, gebrannt wird und 40–60% Alkohol enthält. Im Handel ist er mit oder ohne Zusatz von Aromen erhältlich, gerne werden ihm Teeblätter oder andere aromatische Pflanzen beigefügt. Bei Familienfeiern, Staatsempfängen, geschäftlichen Terminen oder an Feiertagen darf Baijiu nicht fehlen – allerdings wird er nur von Männern getrunken. Wird der Schnaps gesüßt und mit Aromen versehen, entsteht daraus ein Likör. Auch Liköre sind zu feierlichen Anlässen sehr beliebt.

Chinesischer Wein

Wer an China und die chinesische Küche denkt, kommt spontan wohl eher nicht auf die Idee, an Wein als Essensbegleiter zu denken. Auch wenn man China nicht als typisches Weinanbauland klassifiziert, so erzielen chinesische Winzer beachtliche Erfolge! Aller Unkenrufe zum Trotz wird in China nämlich Wein angebaut, und das sogar sehr gut. Dabei fällt vor allem die Region Taiyuan in der Provinz Shanxi auf, in der auf nährstoffreichen Lößböden entlang des Gelben Flusses ganz wunderbare Premium-Weine wachsen, vor allem die Rebsorten Chardonnay, Cabernet Sauvignon, Merlot und Cabernet Franc.

Tsingtao

Tsingtao ist der Name der größten Bierbrauerei Chinas, weltweit rangiert sie sogar unter den größten zehn! Gleichzeitig heißt das hier gebraute Bier Tsingtao. Die Brauerei wurde 1903 – wie sollte es anders sein – von Deutschen gegründet. Die Hafenstadt Qingdao oder Tsingtao war von 1897 bis 1914 deutsches Pachtgebiet und deutscher Stützpunkt. Das Bier der Tsingtao-Brauerei, das mit mehreren internationalen Preisen und Medaillen ausgezeichnet wurde, wird weltweit in 62 Länder exportiert. Nach der Markteinführung in den USA 1972 wurde es das meistverkaufte chinesische Bier.

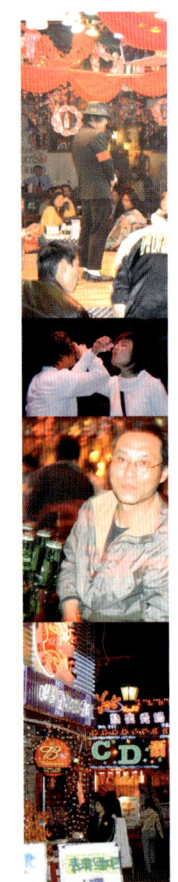

TEE

Ursprung: In keinem Land der Welt wird die Teekultur so aktiv gelebt wie in China. Bereits seit Jahrhunderten ist Tee, in erster Linie ungesüßter Grüntee, ein allseits beliebtes und viel konsumiertes Getränk. Gleichzeitig ist China auch das Ursprungsland des Teeanbaus, noch heute stammt der Großteil des weltweit vertriebenen Tees aus China. Durch die Kulturrevolution wurde die Präsenz des Tees im Alltag jedoch radikal beschnitten, viele Teehäuser mussten schließen, zahlreiche Teemeister flohen ins benachbarte Ausland. Nach und nach fassen Teehäuser in den Städten jetzt wieder Fuß.

Sorten: In China unterscheidet man die Hauptsorten des Tees nach unterschiedlichen Anbauregionen, die Lage des Anbaugebietes bestimmt die Aromen. Der grüne Tee, der sich aus zarten kleinen Blättern der Teepflanze zusammensetzt, stammt aus ostchinesischen Provinzen. Der gelbe Tee, der aus jungen Blatttrieben besteht, die nach der Ernte ruhen dürfen, wird hauptsächlich in Hunan angebaut. Oolong-Tee, ein halbfermentierter Tee, der zwischen grünem und schwarzem Tee einzuordnen ist, wird in Taiwan oder Fujian angebaut. Roter Tee, der bei uns als Schwarztee bekannt ist und aus fermentierten Teeblättern besteht, stammt aus Szechuan und Yunnan. Weitere Sorten sind der weiße Tee, der aus den ungeöffneten Blattknospen des Teestrauchs besteht, die von Hand gepflückt werden. Dieser Tee gilt als edelste Teesorte und stammt wie auch der Oolong aus der Provinz Fujian. Die sechste Sorte ist Pu Errh-Tee, der aus harten Blättern der Teepflanze fermentiert, gedämpft und gepresst wird, und der wie der rote Tee aus Yunnan stammt.

Bedeutung: Tee ist über die Jahrhunderte ein Mittel zum Ausdruck von Wertschätzung und Ehrerbietung geblieben. Noch heute schenkt man seinen Gästen zum Ausdruck des Willkommens eine Tasse Tee ein, Jüngere bieten älteren Generationen grundsätzlich Tee als Zeichen des Respekts an. Tee spielte auch eine zentrale Rolle in der Hochzeitszeremonie. Der Bräutigam musste sich am Tag der Hochzeit durch das Trinken dreier Tassen Tee zum Hause der Braut Zugang verschaffen, erst danach durfte er die Braut sehen. Oftmals war die Geschicklichkeit bei der Teezubereitung sogar Kriterium bei der Auswahl der zukünftigen Schwiegertochter durch die Eltern des Bräutigams. Heute trinkt man Tee vor allem in geselliger Runde, wobei viel gelacht und erzählt wird. Dim Sums, die als kleine Köstlichkeiten zum Tee gereicht werden, runden den Genuss der Teestunde ab.

Um Volumen zu reduzieren wird Tee zu „Ziegeln" gepresst.

Chrysanthementee

Im chinesischen Restaurant „Yuan", Millennium Hilton Bangkok, kann man Worajit erleben. Einen echten Teemeister, der mit Grazie, Eleganz und akrobatischen Einlagen die Teezubereitung zelebriert.

Er strebt dabei nach ritueller und geschmacklicher Perfektion seiner Oolong-, Gingko- oder Chrysanthemen-Tees. Die Auswahl hier gilt als die beste feiner chinesischer Tees in Bangkok.

ZEREMONIENMEISTER

Dieses wohl wichtigste Kochgerät der asiatischen Küche wird in ganz China und Südostasien bis nach Indonesien und auf den Philippinen genutzt. Wie bei so vielen chinesischen kulinarischen Begriffen kommt auch der Name „Wok" aus der kantonesischen Sprachfamilie. Das Kennzeichen des Woks ist die Form der Kugelkappe ohne Trennung zwischen Boden und Wand. Und sie ist auch entscheidend für die wichtigste Kochtechnik mit diesem Kochgeschirr: das Pfannenrühren. Der Wok, ursprünglich aus schwerem Kohlestoffstahl mit zwei Griffen oder „moderner" aus Edelstahl oder Aluminium mit Stielgriff, steht dabei in einer Mulde über einer starken Hitzequelle. Die Wärme verteilt sich gleichmäßig verlaufend entlang der Wandung und konzentriert sich am Boden des Woks. Hier wird unter ständiger Bewegung des Garguts kurz und scharf angebraten. Zum Nachgaren schiebt man die Zutaten in mildere Temperaturbereiche. Ein Wok hat in einer solchen Kochmulde eine gute Standfestigkeit und kann dort mit vergleichsweise wenig Energie stark erhitzt werden. Wichtig beim Pfannenrühren ist eine hohe Temperatur im Zentrum der Pfanne, die mit haushaltsüblichen Elektro- und Gasherden kaum zu erreichen ist. Induktionsherde oder Wokmulden sind für den Privatgebrauch ideal. Neben dem Pfannenrühren eignet sich dieses Kochgeschirr auch zum Braten, Frittieren, Kochen und Blanchieren.

Wokgemüse – Mie-Nudel-Pfanne (Michael Kreiling)
Rezept für 4 Personen

1 rote Paprika

1 gelbe Paprika

2 grüne Zucchini

2 Kopf Pak-Choi

100 g rote Zwiebeln

1 1/2 Korianderbund, nur Blätter

6 EL Sesamöl

100 g Shiitake-Pilze

250 g Mie-Nudeln (chinesische Eiernudeln), blanchiert

80 ml Geflügelfond

15 EL Sweet Chilisauce

8–9 EL Fischsauce

6–7 EL Austernsauce

Salz, weißer Pfeffer aus der Mühle

Die Paprika und die Zucchini gleichmäßig schneiden. Pak-Choi putzen, waschen und schneiden. Die Zwiebeln schälen, in feine Steifen schneiden, ebenso die Korianderblätter zerkleinern. Das Sesamöl in der Wokpfanne erhitzen und zunächst die Zwiebeln anbraten, dann Shiitake-Pilze und übriges Gemüse (außer dem Pak-Choi) nach und nach zugeben. Nun die Mie-Nudeln mit dem Gemüse zusammen anbraten. Geflügelfond, Sweet Chilisauce, Fischsauce und Austernsauce hinzugeben. Nun evt. mit Salz und Pfeffer abschmecken, zuletzt Pak-Choi und Koriander hinzugeben, dann servieren.

DER WOK

SPEZIELLE KOCHTECHNIKEN

VIERZIG / EINUNDVIERZIG

Der Feuertopf ist fast überall in Ost- und Südostasien in Gebrauch. Bei uns wird er auch als Mongolentopf bezeichnet, da sein Ursprung vermeintlich in der Mongolei zu suchen sei. Dort jedoch ist das Gerät unbekannt. Sicher ist der Gebrauch des huo guo ab dem 5. Jahrhundert n. Chr. belegt. Vor allem war er ein Gerät der armen Leute, die verschiedene Reste in dicken Kupfertöpfen garten. So besagt dann auch eine andere Ursprungsvermutung, dass die Treidler aus Changqing, die Boote flussaufwärts schleppten, als erste diese Art zu garen nutzten. Zudem spendete der Topf den Menschen, die sich um ihn versammelten, in der kalten Jahreszeit wohlige Wärme. Die Küche Sichuans verfeinerte die Technik und den Geschmack. So entwickelte sich eine gesellige Art des Speisens, bei der die Gäste rings um einen runden Topf auf einer Hitzequelle mit Kamin für die nötige Gartemperatur Platz nahmen. In dem Rundgefäß kocht Brühe, in die man mittels kleiner Siebe oder Spieße das Gargut gibt. Eine Art Fondue also, das in China außerordentlich populär ist. Feuertopf gibt es im Restaurant, aber auch in den Familien sind diese Geräte zu finden. Sie werden in unterschiedlichen Designs und mit unterschiedlichen Heizquellen angeboten. Neben der ursprünglichen Art, den huo guo mit Holzkohle zu beheizen, werden heute auch Flüssiggas und elektrische Heizplatten genutzt. Durch die außerordentliche Variabilität der Gerichte hat das Gericht der Treidler am Zusammenfluss des Yangzi und des Jialing in Chongqing einen Siegeszug durch ganz Asien angetreten. In Japan nennt man den Topf „nabemono", in Korea „sinseollo" und in Thailand „tom yum gong", eigentlich die Bezeichnung für eine Garnelenvariante mit Schärfe und Süße oder für Thai-Sushi mit Gemüse und Meeresfrüchten. Grundsätzlich eignen sich nahezu alle Zutaten für die Verarbeitung im Feuertopf. Was die Kombination und den Einsatz unterschiedlicher Brühen, Aromate und Dips betrifft, sind der Kreativität kaum Grenzen gesetzt. Je länger Sie Ihr Gemüse und Ihr Fleisch im Feuertopf garen und je mehr Sie verwenden, desto intensiver wird die Brühe, die zum Abschluss eine sehr gute Suppe ergibt. Als Beilage eignen sich ungeröstete und gedämpfte Reisteigblätter, mit frischen Salaten gefüllt und gerollt. Hier hinein kann man auch sein Gargut aus dem Feuertopf kombiniert mit Dips geben.

huo guo – Feuertopf

100 g Shiitake-Pilze

2–3 Knoblauchzehen

2 rote Chilischoten

2 l kräftige heiße Geflügel- oder Fleischbrühe

1/8 l Reiswein

1 Sternanis

150 g Glasnudeln, eingeweicht

600 g gemischtes Gemüse (Möhren, rote Paprika, Spinat, Sojasprossen)

1 Chinakohl

4 Frühlingszwiebeln

1 Bund Koriandergrün

800 g Lammrücken oder -keule, alternativ auch Rind- oder Schweinefleisch, Geflügel

300 g frische Garnelen

nach Belieben Tofu ergänzen

Pilze putzen, abreiben, Stiele abschneiden, Pilzköpfe wür-

DER CHINESISCHE FEUERTOPF ODER HUO GUO

feln. Knoblauch schälen und fein hacken, Chilis putzen und in feine Ringe schneiden. Heiße Brühe und Reiswein in einen klassischen Feuertopf oder einen Fonduetopf geben, Sternanis, Knoblauch, Chili und Pilze darin ziehen lassen. Unterdessen alle anderen Zutaten vorbereiten. Glasnudeln ca. 10 Minuten in lauwarmem Wasser quellen lassen. Gemüse waschen, putzen, schälen und in kleine Stücke schneiden, Möhren in Scheiben schneiden, die Frühlingszwiebeln in längliche Stücke schneiden. Chinakohl waschen und halbieren, den Strunk herausschneiden und den Kohl in feine Streifen schneiden. Fleisch waschen, trocken tupfen und in sehr schmale Streifen schneiden. Garnelen aus der Schale lösen, Darm entfernen, spülen und trocken tupfen. Fleisch, Garnelen und

Gemüse auf kleinen Tellern dekorativ anrichten und rund um den Feuertopf verteilen. Glasnudeln abtropfen lassen und in Portionen auf den Tisch stellen. Gewaschenes und gehacktes Koriandergrün ebenfalls in Schälchen auf dem Tisch verteilen. Nun alle Zutaten in Siebchen oder mit Stäbchen in der Brühe garen. Ganz zum Schluss werden die Glasnudeln in der intensiv würzigen Brühe gegart. Zum Feuertopf Würzsaucen und Dips reichen.

Tipp: Verkochte und verdampfte Brühe kann durch milde Brühe oder Wasser ersetzt werden. Diese vorsichtig in den Feuertopf nachgießen.

Klassische Varianten des huo guo sind:

ma la guo: Diese Variante zeichnet sich durch ihre Schärfe aus.

yuanyuan guo: zweierlei huo guo. In der Mitte des Topfes befindet sich eine Trennung, damit scharfer und nicht scharfer Feuertopf gemeinsam gegessen werden kann. Diese Variante wurde erfunden, um den verschiedenen Geschmäckern gerecht zu werden.

qing guo: Feuertopf mit klarem Wasser, ganz ohne Brühe. Die Zutaten werden erst nach dem Garen in Würzsaucen und Dips getunkt.

han shi pao cai guo: huo guo mit sauer eingelegtem Gemüse.

suan cai bai rou guo: saure Variante des Feuertopfes mit saurem Chinakohl und weißem Fleisch.

zui si guo: besteht hauptsächlich aus rohem Huhn und hochwertigem Reiswein als Grundlage, bedeutet so viel wie „beschwipstes Huhn".

Rishi shuanshuan guo: Diese Variante des huo guo hat hauptsächlich Miso als Grundlage.

Links

„Ching Po Liang Soup Mixture"

bestehend aus: Gerste, Lotussamen, wilder Yamwurzel, Lilien, Kastanien, Salomonssiegel und Longan.

Rechts

„Walt Long Mix"

bestehend aus: schwarzem Ginseng, Lotussamen, knotiger Yamwurzel, Lilienblüten, Buck Kee (ein Kraut), Foy Nuts (Samen einer violett blühenden Pflanze), Fang Dang und Goji Beeren.

Mitte

„Sugar Cane and Arrow Root Soup"

bestehend aus: Zuckerrohr, Pfeilwurzel, getrockneten Möhren und japanischem Blaugras (Imperate)

Trockenprodukte
Fast alle Frischwaren sind auch gedörrt erhältlich. Fleisch, Fisch, Gemüse, Pilze. Bei den abgebildeten Produkten handelt es sich um fertige Suppenmischungen, die zusammen mit Fleisch und Salz 2 Stunden gekocht werden. Auch als Ingredienz für den Feuertopf nicht uninteressant.

CHINESISCHE HEISSE PLATTE

Eine weitere sehr schonende Zubereitungsart ist das Grillen auf der heißen Platte. Dabei handelt es sich um einen flächigen Grill, auf dem leichte, fettarme Gerichte zubereitet werden. Diese Zubereitungsart, die häufig ganz ohne den Zusatz von Fett auskommt, eignet sich gut für Fisch, Fleisch und Gemüse. Durch die Wärme, die von der Grillplatte ausstrahlt, hat die heiße Platte auch einen sehr schönen Zweiteffekt: Sie fördert die Geselligkeit, da gerade im Winter gerne alle nah um die wärmende Platte zusammenrücken.

Ein zweitausend Jahre altes Restaurant

Das Dämpfen ist eine besonders schonende Garmethode, bei der die Zutaten über heißem Dampf garen. Das Dämpfen eignet sich besonders gut für zarten Fisch und zartes Fleisch, aber auch für Reis und Gemüse. Bei dieser in Asien sehr beliebten Zubereitungsmethode bleiben im Gargut die Aromen, Nährstoffe und die Struktur ideal erhalten. Das Gargut kann vor oder während des Dämpfvorgangs mariniert oder mit Würzsaucen beträufelt oder eingepinselt werden. Wer im Besitz eines Woks ist, kann darin auch dämpfen. Dazu wird ein Bambus- oder Garkörbchen mit dem Gargut über dem Wasserspiegel im Wok platziert. Wer einen Edelstahltopf mit Dämpfeinsatz besitzt, erzielt damit ebenso gute Ergebnisse.

DÄMPFEN

„Dim Sum", dieser kantonische Begriff, der soviel wie „kleines Herz" heißt und „leichte Erfrischung" bedeutet, steht für verschiedene Snacks, die als Zwischenmahlzeit gereicht werden. Traditionell werden sie in Bambuskörbchen zum Tee gereicht. Ihr Ursprung liegt in der kantonesischen Küche. Dim Sum werden frittiert, die meisten aber im Bambuskörbchen gedämpft. Bei den Spezialitäten handelt es sich zumeist um Teigtaschen oder -beutelchen, die mit allerlei Köstlichkeiten gefüllt sind. Dabei reicht die Palette von Fleischbällchen über Seafood und Gemüse bis zu Süßigkeiten und Früchten. Zudem tunkt man Dim Sum gerne in Soja- oder andere Saucen.

Stellvertretend für alle Dim Sums ein Rezept für **Teigtaschen mit Pilzfüllung**

Füllung:
2 EL getrocknete Mu-Err-Pilze, eingeweicht
40 g frische Shiitake-Pilze
1 Möhre
50 g Zuckerschoten
2 Frühlingszwiebeln
1 Knoblauchzehe
Chilischote
2 EL Pflanzenöl
2 EL Sojasauce
1 EL Austernsauce
Salz und Pfeffer aus der Mühle

Teig:
300 g Mehl
80 g Speisestärke
250 ml Wasser
Alternativ: Wan-Tan-Blätter (aus dem Asia-Laden)

Pilze fein hacken und in lauwarmem Wasser einweichen. Shiitake-Pilze säubern, Stiele entfernen und Köpfe in Würfel schneiden. Möhre und Zuckerschoten waschen, putzen und in gleich große Stücke schneiden. Die Frühlingszwiebeln waschen und putzen und mit dem Grün in feine kurze Streifen schneiden. Knoblauch schälen und mit der geputzten Chilischote fein hacken. Mu-Err-Pilze abgießen, abtropfen lassen. Das Öl im Wok erhitzen, Knoblauch und Chili scharf anbraten. Nach und nach das Gemüse zugeben, zuletzt für eine Minute die Pilze mit anbraten. Mit Salz und Pfeffer würzen, nach Belieben mit Soja- und Austernsauce abschmecken.

DIM SUM

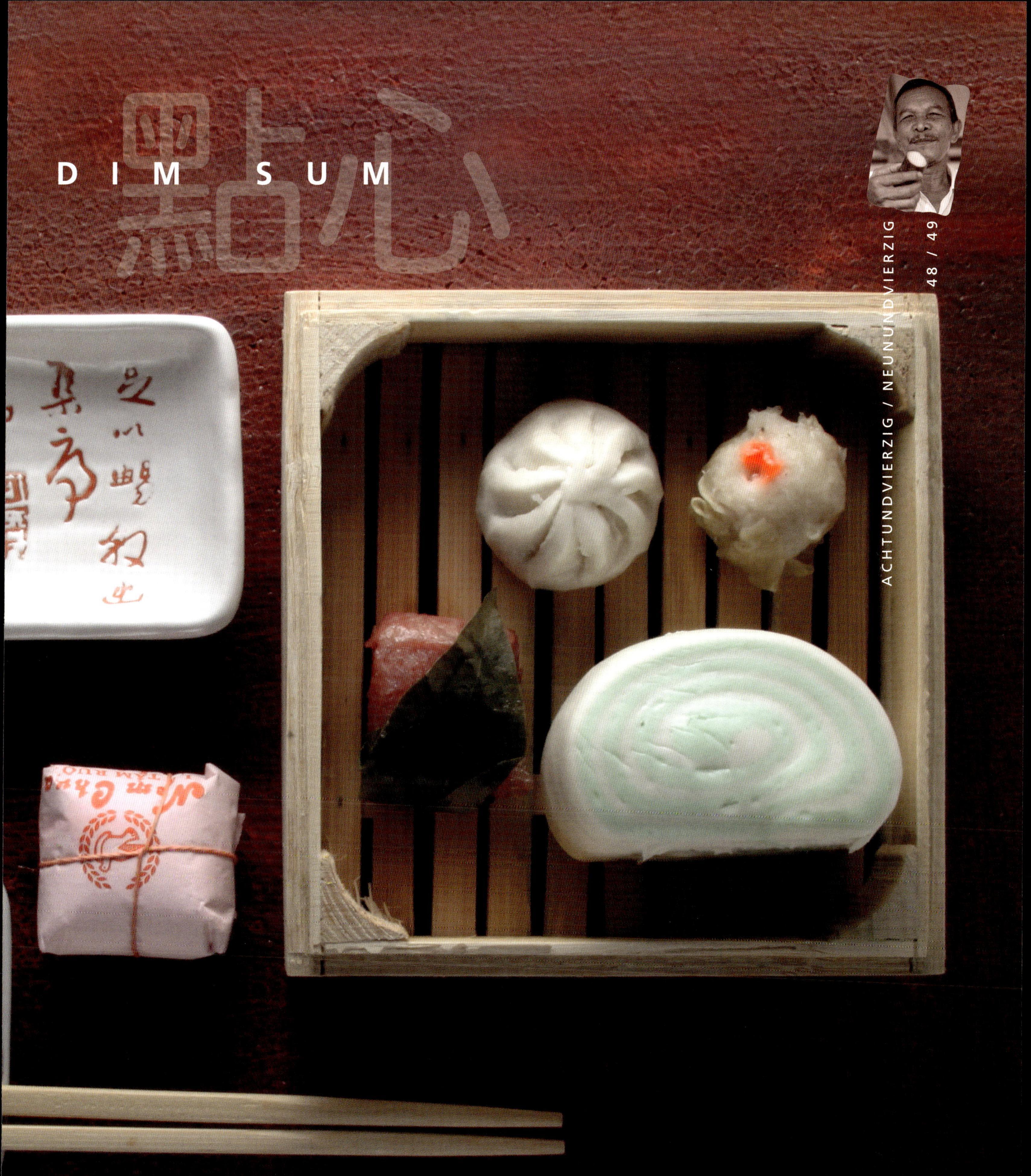

點心

ACHTUNDVIERZIG / NEUNUNDVIERZIG

48 / 49

Für den Teig das Mehl und einen Teil der Speisestärke in eine Schüssel sieben. Das warme Wasser langsam einrühren, den Rest der Speisestärke unterrühren und den Teig glatt kneten. Aus dem Teig gleichmäßige Kugeln formen, aus den Kugeln auf einer bemehlten Arbeitsfläche Kreise ausrollen. Etwas Füllung in die Mitte eines Kreises geben, den Teigrand mit Wasser bepinseln und über die Füllung schlagen, über der Füllung so zusammendrücken, dass eine „Blüte" entsteht oder die Zipfel locker über der Füllung zu Körbchen formen. Die Teigtaschen in ein gefettetes Bambuskörbchen setzen und ca. 8 Minuten im Dampf garen oder in kochendem Salzwasser ca. 5 Minuten gar ziehen lassen.

Restaurant in Liyang, ein Skiort im Himalaya

Frühlingsrollen

Die knusprig in Fett ausgebackenen Teigröllchen mit immer neuer Füllung sind jederzeit und überall ein beliebter Snack. Wie auch bei Dim Sum sind der Phantasie bei der Zusammensetzung der Füllung nahezu keine Grenzen gesetzt. Die Teigblätter für die Röllchen kann man problemlos im Asia-Shop kaufen.

Stellvertretend für alle Varianten der Frühlingsrolle hier ein Rezept für Frühlingsrollen mit Garnelenschwänzen:

50 g Glasnudeln
100 g frische Mungbohnen
100 g Stangensellerie
100 g Möhren
12 Zuckerschoten
2 Frühlingszwiebeln, in dünnen Ringen
4 EL Erdnussöl
300 g Garnelenschwänze, geschält, in Stücken
Salz, Pfeffer aus der Mühle
2 EL Sojasauce
2 EL süße Sojasauce
2 EL Fischsauce
1 EL Koriandergrün, gehackt
20 Teigblätter für Frühlingsrollen (ca. 20 × 20 cm)
1 Eiweiß
Öl zum Frittieren

Glasnudeln in lauwarmem Wasser ca. 15 Minuten einweichen lassen, anschließend in ca. 5 cm lange Stücke schneiden. Das Gemüse waschen und putzen und anschließend in feine Julienne schneiden. Die Hälfte des Erdnussöls im Wok erhitzen, das Gemüse darin anbraten, herausnehmen und beiseite stellen. Dann restliches Erdnussöl erhitzen und die Garnelenschwanzstücke darin anbraten. Gemüse und abgetropfte Glasnudeln unter die Garnelen mischen, mit Salz,

FRITTIEREN IM WOK

Pfeffer und den Saucen abschmecken. Füllung aus dem Wok nehmen und abtropfen lassen. Frischen Koriander grob hacken und unter die Füllung mischen. Teigblätter auslegen und jeweils 2 EL der Füllung in die Mitte geben, Teigränder mit Eiweiß bestreichen. Teigblatt über die Füllung legen, Ränder einschlagen und aufrollen. Gut verschließen. Das Öl zum Frittieren erhitzen, Frühlingsrollen darin portionsweise knusprig ausbacken. Mit dem Schaumlöffel aus dem Fett heben und abtropfen lassen.

Selbstverständlich hat ein Land, das etwa so groß ist wie Europa, keine homogene Küche entwickelt. Entsprechend der Klimazonen, deren landwirtschaftlichen Möglichkeiten und der dort lebenden ethnischen Gruppen haben sich unterschiedliche Kochstile herausgebildet. Natürliche Grenzen wie die Flüsse Yangzi und Huanghe trennen Vegetationsgebiete, in denen einerseits vornehmlich Reis oder andererseits Weizen angebaut werden. Und der klimatisch raue Norden mit seinen kargen Böden – oft herrschten hier Hungersnöte – zwingt die Menschen, alle verfügbare Nahrung zu nutzen. Hier entstand eine **sehr einfache „Arme Leute-Küche"**. In Grenzregionen Chinas, zum Beispiel im Himalaya, sind auch Milchprodukte zu finden. Aus Stuten- oder Yakmilch wird Käse und eine Art Joghurt produziert, vor allem bei den in Zentralasien beheimateten Minderheiten. Im übrigen China stehen Milchprodukte aufgrund einer weit verbreiteten Laktoseunverträglichkeit kaum auf dem Speiseplan. Eine Ausnahme bildet Yunnan. Hier wird Joghurt produziert, der meist mit Früchten verzehrt wird.

Üblicherweise wird die Küche in vier Schulen eingeteilt.

Die Schule des Südens, Kanton- oder Guangdong-Küche (guangdong caixi) ist das, was wir aus den meisten Chinarestaurants in verwestlichter Form kennen. Diese Küche genießt auch in China einen guten Ruf. Ihr prägendes Stilelement sind nicht zu scharfe Gerichte aus frischen Zutaten im Wok zubereitet.

Eine reichhaltige Palette an guten Lebensmitteln bringt die Region selbst hervor. Die Landwirtschaft produziert Knoblauch, Zwiebeln, Lauchzwiebeln, Sojabohnen, Kohl, Kartoffeln, Tomaten und jede Menge Reis als Grundnahrungsmittel. Auch die typischen Gewürze der Kanton-Küche haben sich bei uns durchgesetzt. Ingwer und Sojasauce, Essig und Reiswein werden gern verwendet. Zudem betreibt man an den Küsten intensive Fischerei und züchtet Schweine, die gern und viel gegessen werden. Auch Geflügel ist zu besonderen Anlässen beliebt. Gemäß dem Spruch „alles was sich bewegt, kann man auch essen" scheut man nicht vor dem Verzehr von Schlange, allerlei Insekten und Würmern zurück. Medizinische Wirkung wird dem Verzehr von Hunden zugeschrieben, die, wie andere Tiere auch, oft bestialisch vor der Schlachtung gequält werden. Anders als bei uns in Europa, wo bei der Schlachtung der Tiere auf Stress so weit wie nur irgend möglich verzichtet wird, setzt man in China Stresshormone ein, um das Fleisch weich zu bekommen. Der Respekt vor dem Tier, sei es die Haltung oder die Schlachtung betreffend, ist in China weit weniger ausgeprägt als bei uns.

Für die ärmere Landbevölkerung ist Reis das Grundnahrungsmittel. Oft nur mit ein bisschen Sojasauce gewürzt, stellt Reis das komplette Mahl des Bauern dar. Morgens wird Reis, begleitet von Tee, auch als Suppe gegessen. Spezialitäten sind neben Pfannengerichten würzige Nudelsuppen und Dim Sum.

Wan-Tan nach Kanton-Art

je 1 EL helle und dunkle Sojasauce
1 EL Reiswein
1 Prise Zucker
Salz und Pfeffer

500 g Hackfleisch vom Schwein
100 g Garnelen (Shrimps), gepult
1 TL Speisestärke
4 EL Wasser
7 Frühlingszwiebeln
50 g Bambussprossen
2 TL Sesamöl
1 Eigelb

Wan-Tan-Teig:
300 g Weizenmehl
150 g Reismehl
1 TL Salz
2 EL Erdnussöl
ca. 150 ml Wasser

DIE SCHULE DES SÜDENS

Sojasaucen, Reiswein, Zucker, Salz und Pfeffer zu einer Marinade vermischen und unter das Hackfleisch vermengen. Die Shrimps in kleine Stücke schneiden und auch untermischen. Die Speisestärke darüber streuen, löffelweise das Wasser zugeben und dann kräftig mit den Händen durchkneten. Frühlingszwiebeln zu feinen Ringen und Bambussprossen zu feinen Streifen schneiden und unter das Fleisch mengen. Anschließend für etwa 30 Minuten ruhen lassen. Dann erst das Sesamöl untermischen. Das

Wohnraum und Küche einer Bauernfamilie

Eigelb erst kurz vor dem Füllen der Teighüllen unter die Masse heben.

Für den Teig die beiden Mehle mit Salz und Öl in eine Schüssel geben. Das Wasser zum Kochen bringen, über die Mehlmischung geben und unterrühren, bis ein klumpenfreier Teig entsteht. Anschließend solange kneten, bis der Teig schön geschmeidig ist. Mit einem feuchten Tuch abdecken und 30 Minuten ruhen lassen. Den Teig in drei Stücke teilen und jedes Stück zu einer 3 cm dicken Rolle formen. Davon einzelne Teigscheiben abschneiden und diese zu 7 cm großen Kreisen ausrollen. Diese bis zur Verwendung wieder mit einem feuchten Tuch abdecken, damit sie nicht austrocknen.

Zum Füllen eine Teigscheibe auf die Hand legen und einen Teelöffel Füllung darauf setzen. Mit der anderen Hand die Teigenden fassen und mit einer Drehung zu kleinen Säckchen zudrücken.

In einem großen Topf Wasser aufkochen und die Wan-Tans portionsweise einlegen. Die Hitze reduzieren und die Wan-Tans etwa 3 Minuten köcheln, bis sie an die Wasseroberfläche kommen. Diese gegarten Wan-Tans können in Fett kurz gebraten oder mit Würzsaucen serviert werden. Sehr gern werden sie auch als Einlage für Suppen verwendet.

DIE SCHULE DES WESTENS

Die Schule des Westens oder Sichuan-Hunan-Yunnan-Küche zeichnet sich durch Schärfe und die häufige Verwendung von eingelegtem Gemüse aus. Oft werden der heimische Szechuanpfeffer, die aus Amerika stammenden und heute für diese Küche typischen Chilis und weißer Pfeffer in einem Gericht zum Würzen vereint. Eingelegte Gemüse sind vor allem Bambussprossen, Kohl und Zwiebelgewächse. Wenngleich sich in Sichuan der Anbau von Süßkartoffeln, Kartoffeln und Mais sehr verbreitet, so gilt die dicht besiedelte Provinz immer noch als die Reiskammer des Landes. Wie in der Provinz Guangdong ist Schweinefleisch vor Schaf und Ziege, gefolgt von Huhn, das beliebteste Fleisch. Rinder werden als Arbeitstiere gehalten und ihr Fleisch wird seltener gegessen. Aus dem beliebten Schwein stellt man yunnan huo tui, einen hochwertigen luftgetrockneten Schinken, her. Die Kochkunst der Tee-Provinz Hunan verwendet mehr Geflügel und Fisch, ist sonst aber ähnlich.

Typische Gerichte der westlichen Schule sind die süß-saure Suppe suan la tang oder das Huhn gong bao ji ding, das mit Erdnüssen und trockenen Mandarinenschalen im Wok gegart wird. Bei einem ungewöhnlichen Entengericht wird das Geflügel mit Tee und Kampferlaub geräuchert. Sehr beliebt sind auch Tofu-Gerichte wie das mapo doufu.

Suan la tang

100 g Hühner- oder Schweinefleisch

50 g Bambussprossen, in Scheiben

2 Champignons

100 g weiches Tofu

Sesamöl

500 ml Hühnerbrühe

20 ml Reisessig

20 ml Sojasauce

10 ml Sake

1/2 TL schwarzer Pfeffer

1 EL Maisstärke

20 ml Wasser

1 Ei

Das Fleisch, die Bambussprossen und die Champignons in feine Streifen schneiden, Tofu würfeln. Sesamöl im Topf erhitzen, darin Fleisch, Bambussprossen und Champignons anbraten. Hühnerbrühe, Reisessig, Sojasauce, Sake und Pfeffer dazugeben, aufkochen und 3 Minuten kochen lassen. Jetzt die Tofuwürfel hinzugeben. Maisstärke in Wasser auflösen und zur Suppe geben, die Brühe mit der Maisstärke abbinden. Das Ei in die Suppe einrühren – fertig!

Gong bao ji ding

Dieses Gericht zählt weltweit zu den Klassikern der chinesischen Küche. Es handelt sich um ein sehr scharfes Gericht, eine typische Eigenschaft der Sichuan-Küche.

250 g Hühnerbrustfilet

50 g frische Erdnüsse

3 EL Reiswein

Salz

4 TL Maisstärke (in 4 TL Wasser angerührt)

3 Frühlingszwiebeln

20 g frische Ingwerwurzel, in feine Scheiben geschnitten

3 Knoblauchzehen

10 g rote Chilischoten, getrocknet

1 EL Zucker

1 EL schwarzer Reisessig

3 EL Sojasauce

100 ml Pflanzenöl

20 Szechuan-Pfefferkörner

Das Hühnerfleisch würfeln. Erdnüsse schälen und von allen Häuten befreien. 2 EL Reiswein mit Salz und der Hälfte der angerührten Speisestärke verrühren. Das Fleisch unter die Marinade mischen und zugedeckt ziehen lassen. Die Frühlingszwiebeln putzen und waschen, Ingwer und Knoblauch schälen, alles in Scheiben schneiden. Chilischoten in 1,5 cm lange Stücke schneiden. Zucker mit Essig, Sojasauce, 1 EL Reiswein, Salz und der übrigen angerührten Maisstärke verrühren. Das Öl im Wok erhitzen. Die Erdnüsse im Öl goldgelb frittieren bis sie duften. Dann die Nüsse wieder aus dem Öl nehmen. Das Öl abgießen, bis nur noch ein dünner Film übrig ist. Chilischoten und die Pfefferkörner im verbliebenen Öl anbraten, danach ebenfalls wieder herausnehmen. Chilischoten und Pfefferkörner wegwerfen. Jetzt die Fleischwürfel in den Wok geben und unter Rühren braten, bis es leicht gebräunt ist. Frühlingszwiebeln, Ingwer und Knoblauch kurz mitbraten. Die angerührte Sauce hinzugeben und noch einmal aufkochen. Zum Schluss die Erdnüsse gut untermischen. Heiß servieren!

Ein Huhn wird zu Ehren der Gäste geschlachtet.

Die Schule des Ostens oder die Fujian-Küche beinhaltet die Kochkunst der Provinzen Zhejiang, Fujian und Gansu am feuchten Yangzi-Delta. Hier liegen bedeutende Metropolen. Das aufstrebende Shanghai, Ningbo oder das „Venedig des Ostens", die „Stadt der Gärten", Suzhou. In dem feuchten Klima gedeihen Gemüse und Früchte prächtig, auch Reis und Weizen werden angebaut. In Maulbeerbaumplantagen züchtet man Seidenraupen, die allein oder im Kokon gegart als Delikatesse gelten. Zudem spielt der Anbau von Tee eine bedeutende Rolle.

Bei uns ist der aufwändige Kochstil, der viel Wert auf eine ästhetische Darbietung legt, nicht sehr bekannt. Die Küche ist vergleichsweise schwer, da sie mit viel Öl und Süße arbeitet. Auch hier sind bei den Fleischgerichten Schweine, Hühner und Enten sehr beliebt. Mehr jedoch steht die Region für Seafood aller Art wie Krabben, Garnelen und Fisch. Zumeist aus Farmen, da die natürlichen Ressourcen durch Überfischung und Verunreinigung der Gewässer stark zurück gegangen sind.

Auch Frösche und Schnecken gehören zum Speiseplan. Dies hat den Bewohnern des Deltas einst viel Spott eingetragen. Die Technik des Rotkochens, das Garen von Fleisch oder Fisch in dunkler Sojasauce, ist hier weit verbreitet. Die bei uns so beliebten süß-sauren Gerichte sollen hier ihren Ursprung haben. Gilt doch der Essig dieser Region als der beste in China. Als Zwischenmahlzeiten isst man gefüllte Klöße oder Nudelsuppe.

Rotkochen süß-sauer

Typisch für die Region um Shanghai ist die Kochtechnik des Rotkochens. Dabei wird aus dunkler Sojasauce und Reiswein ein Sud zubereitet, in dem das Gargut mehrere Stunden gekocht wird. Beliebtes Gargut ist Fisch, Fleisch und Geflügel. Die so rotgekochten Speisen kann man sehr gut aufwärmen.

Rotgekochtes Schweinefleisch

1,2 kg Schweinebauch mit Schwarte (durchwachsen)
2 Frühlingszwiebeln
2 Scheiben Ingwerwurzel
1/2 TL Salz
5 EL Sojasauce
4 EL Sherry (trocken)
1/2 EL Zucker

Backofen auf 170 °C vorheizen. Den Schweinebauch in gleichmäßige, große Würfel schneiden. Dabei darauf achten, dass jeder Würfel ausreichend Schwarte hat. Die Frühlingszwiebeln in 3 cm lange Stücke schneiden, den Ingwer fein zerkleinern. Die Fleischwürfel mit Salz und 2 EL Sojasauce einreiben und mit der Hautseite nach unten in einen schweren Bräter setzen. 6–8 EL Wasser und die Hälfte des Sherry dazugeben. Zum Schluss die Frühlingszwiebeln und den Ingwer darüber streuen. Auf einer Herdplatte das Fleisch im Bräter zum Kochen bringen. Anschließend im vorgeheizten Backofen auf mittlerer Schiene 45 Minuten schmoren, zwischendurch einige Male wenden. Weitere 6–8 EL Wasser in den Topf dazugeben, das Fleisch mit dem restlichen Sherry, Zucker und der Sojasauce beträufeln, zugedeckt eine weitere Stunde im Ofen schmoren lassen. Etwa alle 20 Minuten wenden.

Nach fast 2 Stunden Garzeit sind Fleisch und Schwarte vollkommen zart. Das Fleisch in einer tiefen Schüssel mit der Schwarte nach oben anrichten und servieren.

DIE SCHULEN DES OSTENS

Puppen und Larven von Seidenraupen

VIERUNDSECHZIG / FÜNFUNDSECHZIG 64 / 65

Nun zur Schule des Nordens oder zur Peking-Küche. Der Norden des Landes unterliegt extremeren Witterungsbedingungen als die bereits vorgestellten Regionen. Während die Sommer heiß und schwül sind, senkt im Winter ein eisiger Wind aus der inneren Mongolei die Temperaturen auf -10 °C bis -20 °C. Peking selbst, am Rand der dicht besiedelten Nordchinesischen Tiefebene gelegen, weist ein gemäßigtes Kontinentalklima auf. In einem solchen Klima gedeiht der in China so beliebte Reis schlecht. So konzentrieren sich die Bauern auf die Produktion von Weizen, Hirse und Soja und zunehmend auch, wie in vielen Teilen von China zu beobachten, auf Mais und Hirse als Grundnahrungsmittel und Viehfutter. Aus dem Getreide werden häufig Breisuppen als einfache Nahrung der Bauern hergestellt. Auch hier ist das Schweinefleisch sehr beliebt. Unter dem Einfluss der Mongolen fanden aber auch Hammel- und Lammfleischgerichte Einzug in die Küche des Nordens. Hühner und Enten gelten als Spezialität. Klimaverträgliche Gemüse wie Kohl oder Sellerie ergänzen den traditionellen Speiseplan. Als typische Würzmittel kommen auch hier Ingwer, Knoblauch und Sojasauce zum Einsatz.

Für diese Region typisch sind neben den Nudelsuppen gefüllte Teigklöße, die „baozi" oder (die kleineren) „jiaozi" heißen.

Baozi

Bei dieser Köstlichkeit handelt es sich um kleine gefüllte Hefeteigtaschen mit unterschiedlicher Füllung. Wie auch bei den Dim Sums hier ein Rezept, stellvertretend für alle anderen Rezepte.

1 Pck. Hefe
250 ml lauwarmes Wasser
500 g Mehl
1 Stck. Lauch, ca. 6 cm
250 g Hackfleisch (Schwein)
1 EL Sojasauce, light
1 TL dunkle Sojasauce
1 EL Sesamöl
1 Ei
Reisessig
1/2 TL Zucker
1 Prise Salz
1 Prise Ingwerpulver und Gewürzmischung

Teig: Mehl in eine Schüssel sieben, in einer Mulde Hefe mit wenig Wasser auflösen. Einen Teig kneten und an einem ruhigen, warmen Ort ca. 45 Minuten gehen lassen. Nach dem Gehen sollte der Teig nicht mehr klebrig sein.

Füllung: Lauch in feine Streifen schneiden und mit dem Hackfleisch mischen. Sojasaucen, Sesamöl, Ei, Reisessig, Zucker, Salz sowie Ingwerpulver und Gewürzmischung dazugeben. Die Mischung gut verrühren.

Teigtaschen: Aufgegangenen Teig noch einmal durchkneten und in acht Portionen aufteilen. Auf einer bemehlten Arbeitsfläche daraus kleine, nicht zu dünne Teigfladen mit ca. 12 cm Durchmesser rollen.

In der Hand lassen sich die Teigfladen am besten verarbeiten. In die Mitte des Teigfladens einen gehäuften Esslöffel der Hackfleischmischung geben, anschließend den Teigfladen über der Füllung zu einem kleinen Säckchen schließen. Das baozi sollte oben komplett geschlossen sein, da sonst beim Dämpfen die Füllung ausläuft.

DIE SCHULE DES NORDENS

SECHSUNDSECHZIG / SIEBENUNDSECHZIG 66/67

Dämpfen: Teigtaschen mit ein wenig Abstand in ein Dämpfkörbchen legen und im Wok oder in einem tiefen Topf bei geschlossenem Deckel ca. 12 Minuten dämpfen. Anschließend werden die baozi warm gegessen. Dazu reicht man Würzsaucen und Dips.

Jjiaozi

Jiaozi sind kleine gefüllte Nudelteigtaschen, die mit unterschiedlichen Füllungen verfeinert werden. Hier stellvertretend ein Rezept:

500 g Mehl
250 ml lauwarmes Wasser
1 Stück Ingwerwurzel (walnussgroß)
1 Stange Lauch
500 g Schweinehackfleisch
Salz
3 EL Sojasauce
3 EL Reiswein
1 TL Sesamöl
2 EL schwarzer Reisessig oder Aceto Balsamico

Für den Nudelteig das Mehl mit dem lauwarmen Wasser vermengen und fest zu einem glatten Nudelteig kneten. Den Teig in Kugelform bringen und in ein feuchtes Geschirrtuch eingewickelt etwa eine Stunde lang ruhen lassen.

Für die Füllung der jiaozi den Ingwer schälen und sehr fein hobeln. Den Lauch putzen, waschen und in ganz kleine Würfel schneiden. Ingwer und Lauch mit dem Hackfleisch mischen und mit Salz, Sojasauce, Reiswein, Sesamöl und Reisessig vermengen. 50 ml kaltes Wasser dazugeben.

Für die Teigtaschen den Teig in drei gleichgroße Portionen teilen und aus jedem Teil eine Wurst mit ca. 2,5 cm Durchmesser rollen. Zum Formen der Teigtasche ein Stück von der Teigwurst abschneiden und dieses zu einem dünnen, runden Fladen ausrollen. Nun die Füllung mit einem Teelöffel in die Mitte des Fladens platzieren und eine Tasche formen, indem man den Teig behutsam wie einen Ravioli an den Rändern zusammendrückt. Die fertigen Teigtaschen auf einer bemehlten Arbeitsfläche ablegen.

Am besten gelingen die jiaozi, wenn man sie im Bambuskörbchen im Wok über Dampf gart, die Garzeit beträgt ungefähr 20 Minuten. Sollten keine Bambuskörbchen zur Hand sein, kann man die jiaozi auch im Wasser garen. Einfach portionsweise in kochendes Wasser geben, 10 Minuten kochen lassen und mit einem Schaumlöffel hinausheben.

DIE PEKING-KÜCHE

Während der Tang-Dynastie, die von 618 bis 907 n. Chr. währte, brachten Flüchtlinge aus dem Iran Sesambrote mit, die gerne mit Fleisch gefüllt und „shaobing" genannt werden.

In Peking entwickelte sich neben der eher einfachen Küche der Bauern, Händler und Handwerker die Palastküche des Herrscherhauses, auch als Mandarin-Küche bezeichnet. Sie wird noch heute in vielen Restaurants zelebriert. Diese Küche entwickelte große Feinheiten und Raffinessen. Berühmt ist das Gericht „Acht Schätze" oder „Acht Kostbarkeiten", das auch heute auf fast jeder Karte eines Chinarestaurants zu finden ist. Während diese „Schätze" historisch eher aus exotischen Fleischteilen wie Bärenklaue, Affenlippen oder Kamelhöcker bestanden, wendet man heute dafür normale Produkte wie Ente, Rind, Huhn oder Krabben.

Rezept „Acht Schätze"

Die „Acht Schätze" oder „Acht Kostbarkeiten" sind eine Spezialität der Shanghai-Küche. Da es zahlreiche Varianten für das Rezept gibt, hier eines stellvertretend für alle.

2 EL Sesamöl
80 g Tofu
100 g Schweinefleisch
100 g Hähnchenfleisch
100 g Hähnchenmägen
100 g Entenfleisch
2 TL Sojabohnenpaste
1/4 TL Zucker
100 ml Hühnerbrühe
1 EL Weißwein
1 Chilischote
1 Stück Ingwer, daumengroß
Maisstärke
Gemüse nach Belieben (Bohnensprossen, Erbsen)

Das Sesamöl im Wok erhitzen. Darin die Hauptzutaten wie Tofu, Schweinefleisch, Hähnchenfleisch, Hähnchenmägen und Entenfleisch scharf anbraten. Anschließend Sojabohnenpaste, Zucker, Hühnerbrühe und Weißwein zugeben, ca. 5 Minuten kochen lassen. Bei Bedarf noch etwas Hühnerbrühe dazu geben. Die Sauce mit fein geschnittenem oder gehacktem Chili und fein geraspeltem Ingwer schärfen. Maisstärke in Wasser anrühren und damit die Sauce abbinden. Nach Belieben Gemüse und kleine Krabben bzw. Garnelen dazugeben und in der Sauce erwärmen. Alternativ die Garnelen anbraten und auf dem Gericht anrichten.

In der nördlichen Hauptstadt im Reich der Mitte

Peking oder Beijing, das bedeutet „nördliche Hauptstadt", empfängt uns mit einem Atem aus Smog, ausgestoßen von den unzähligen Fabriken, welche die Stadt umsäumen.
15 Millionen Menschen leben in diesem Großraum, und längst nicht mehr alle fahren mit dem Fahrrad. Überall wurde und wird gebaut, die Stadt hatte sich für die Olympiade 2008 herausgeputzt. Das, was nicht mehr verschönert werden konnte, wurde damals hinter Erdwällen versteckt. Heerscharen von Wanderarbeitern haben Bäume gepflanzt, schnell wachsende Bäume, die viel Wasser benötigen. Mit ihnen wurden früher Sümpfe trocken gelegt. Und schon ohne diese Bäume saugt die Stadt fast alles Wasser auf, das sie findet.

WELCOME TO BEIJING

Aber Peking empfängt uns auch als moderne, hämmernde Metropole und als kultureller Mittelpunkt der Nation der Zukunft.
Mit seiner 3.000-jährigen Geschichte durchweht Peking eine Aura, die nur ganz wenige Städte haben.

Natürlich sehen wir auch das „alte China", die Tempel, die Verbotene Stadt, die Chinesische Mauer – ein nutzloser Verzweiflungsbau gegen die mongolischen Horden. Wir besuchen die chinesische Oper, beste Restaurants und Märkte.

Und das alte China ist wunderschön. Malerisch, wie man sich Asien vorstellt. Wir fahren mit dem Taxi, preiswert und sicher. Wir verständigen uns mit Zetteln, auf denen Begriffe wie „Tempel des Himmels" oder „Silk Street" ins Chinesische übersetzt sind. Für die Rückfahrt zum Hotel zeigen wir dem Chauffeur einfach unseren Zimmerschlüssel vom Hotel.

DIE PALASTKÜCHE

Peking war schon in der Frühgeschichte ein bedeutendes Handelszentrum. Abgesehen davon, dass schon vor 500.000 Jahren ein Verwandter unserer Spezies, der Homo erectus, hier siedelte, entwickelte sich die Stadt, damals noch „Ji" genannt, schon 1.000 v. Chr. zum bedeutenden Zentrum für den Handel mit dem heutigen Korea und der Mongolei. Der erste Kaiser der Ming-Dynastie war es schließlich, der den Namen „Beijing" einführte. Sein Nachfolger, Kaiser Yongle, begann dann die Stadt neu zu erbauen. Er war es auch, der die „Verbotene Stadt", den Bereich des Kaiserpalastes, schuf, in der sich die chinesische Wok-Küche ausbildete. Zu dieser Zeit lebten in Peking bereits rund 600.000 Menschen.

Im Palast selbst lebten gegen Ende des 18. Jahrhunderts ständig etwa 9.000 Menschen. Den einfachen Leuten war der Zutritt zur „Verbotenen Stadt" verwehrt. Das Meisterwerk der chinesischen Architektur umfasst eine Grundfläche von 720.000 m², von der 150.000 m² bebaut sind. Die großartigen Paläste und Pavillons weisen exakt 9.999 ½ Räume auf. Denn nur im Himmel darf es einen Palast mit 10.000 Räumen geben.

Die Oberaufsicht der Küchen oblag in den letzten Jahren der Kaiserzeit einem Mandarin mit dem Titel „Großmeister der Verwaltung". Nach einer Reform wurde das Management in zwei Abteilungen gegliedert. Die innere Küche bereitete exklusiv die Mahlzeiten für die kaiserliche Familie, die Hauptfrauen und die Konkubinen zu. Die äußere Küche verpflegte Mandarine, das Dienstpersonal der kaiserlichen Familie und bereitete Opfergaben. Alle anderen Personen, die im Inneren der Stadt lebten, mussten sich selbst versorgen, was zumeist in den zahlreichen Garküchen außerhalb der Stadt erfolgte. Die Aufteilung in zwei Küchenbrigaden war die logische Konsequenz aus der Forderung nach mehr Sorgfalt und Sicherheit bei der Zubereitung der kaiserlichen Speisen. Dies war in der zentralen Palastküche mit 1.200 Mahlzeiten pro Tag problematisch.

1759 waren von den 4.900 Angestellten des Kaiserhofes 400 in der Küche tätig. Zusätzlich wurden 150 Eunuchen als Servicepersonal bei Tisch beschäftigt. In dieser Zeit legte die Küche viel Wert

In der „Verbotenen Stadt"

auf Zwischenmahlzeiten und die Teeherstellung, was auf den Genuss als Zeitvertreib schließen lässt.

Das Beamtenreich China schuf auch in der kaiserlichen Küche Strukturen mit klaren Aufgaben.
Der „bao ren" war zuständig für den Fleischeinkauf. Er beaufsichtigte die Schlachtung, begutachtete die Qualität und verteilte schließlich die Fleischstücke auf die einzelnen Stationen.
Die „bian ren" waren die Obst- und Gemüsevorbereiter. Sie waren Servicekräfte für die Köche und Sauciers.
Der „nei xiang" hatte eine bedeutende Position. Er war als Koch der inneren Küche vornehmlich für das Zerlegen von Fleisch zuständig und teilte es für verschiedene Anwendungen auf: für feine Speisen, Würste, Suppen, Gepökeltes, Hack und Trockenfleisch. Zudem bereitete er Rhizome und Gemüse zu.
Die „wai xiang" waren das Pendant des „inneren Kochs" für die äußere Küche der weniger hochgestellten Personen.
Der „peng ren" galt als der wichtigste Mann in der Crew. Denn er schmeckte die Speisen ab, und es galt als große Schande, wenn die Speisen nicht mundeten. So machte der „peng ren" dem Koch exakte Vorgaben in Bezug auf Gewürze und Menge, indem er sie ihm für das Gericht bereitlegte. Auch das Marinieren oblag ihm.
Die „peng ren" waren Hilfsköche mit der Aufgabe, den „nei xiang" und „wai xiang" zur Hand zu gehen.
Die „bing reng" zeichneten für die Eiskeller zum Kühlen von Speisen und Getränken verantwortlich. Das im Winter eingelagerte Eis musste bis zum nächsten Jahr halten.
Schließlich gab es noch den „mi ren", der für alle Küchengeräte und das Tafelgeschirr zuständig war. Alle Küchengeräte waren mit dem Namen des Benutzers und mit dem Verwendungszweck gekennzeichnet. Große Verantwortung trug der „mi ren" besonders in Bezug auf das Tafelgeschirr, denn dies war, im Gegensatz zum Kochgeschirr, aus kostbarsten Materialien wie Porzellan, Silber und Gold.

Bedienung eines Restaurants auf der Nachbildung eines kaiserlichen Throns

Eines der berühmtesten Gerichte des Nordens und gleichsam eines der aufwändigsten ist die berühmte Pekingente. Zur Zubereitung benötigt man nicht nur einen speziellen Ofen, sondern auch das richtige Grundprodukt, nämlich eine weiße Ente, die aus der wilden Stockente domestiziert und durch Zucht perfektioniert wurde. Traditionell wurde diese Ente an den Karpfenteichen gehalten, die diese mit ihren Ausscheidungen düngte. Das wiederum war der Bildung von Plankton und dem Wachstun höherer Pflanzen dienlich, die den Karpfen und auch den Enten selbst als Nahrung dienten. Dies ist in kleinen bäuerlichen Betrieben heute noch so. Die Ente mit dem typischen aufrechten Gang zeichnet sich durch gute Fleisch- und Legeleistung aus. So wurde die Rasse auch in Europa und Amerika sehr beliebt.

Wichtig für das Rezept „Pekingente", das aus der Ming-Dynastie (1308–1644) stammt, ist jedoch die Haut der Tiere. Sie ist das Wichtigste bei diesem Gericht und muss besonders dünn sein. Um dies zu fördern, erhalten die Enten zwei Wochen vor ihrer Schlachtung Bewegungsarrest und bekommen besonders gehaltvolles Futter. Mit 2–3 kg sind sie schlachtreif. Das geschlachtete Tier wird zwar gerupft, aber nicht ausgenommen. Auch Kopf und Fuss trennt man zunächst nicht ab. Nun muss sich die Haut vom Fleisch trennen. Dazu schneidet man den Hals ein wenig ein und bläst die Ente wie einen Ballon auf. Anschließend entfernt man die Innereien durch einen kleinen Schnitt unterhalb des Flügels. Nun werden auch die Füße abgetrennt. Anschließend löst der Koch Honig in heißem Wasser auf und bestreicht die zuvor überbrühte und am Hals aufgehängte Ente mit dieser Beize. An einem gut gelüfteten Ort trocknet der Vogel nun vor dem Garen gut ab. Im Pekingenten-Ofen bläht sich die Haut wieder auf, wird knusprig und erhält ihre glänzend-rote Farbe. Aus der Pekingente wird ein ganzes Menü serviert, das seinen Siegeszug um die ganze Welt antrat.

Auch im Fusion Restaurant „taku" zu Füßen des Kölner Doms ist Pekingente fester Bestandteil des Angebots.

In der Pekingoper

Rezept für 4 Personen

200 g Geflügelleber

5 Thai-Auberginen

1 Schalotte

1 Chilischote

2 Knoblauchzehen

3 EL Geflügelbrühe

2 EL Sojasauce

1 EL gesalzene Sojabohnen

1 EL Zucker

frisches Thai-Basilikum

2 Stangen Frühlingslauch

Geflügelleber in mundgerechte Stücke schneiden. Thai-Auberginen, Schalotte, Chili und Knoblauch in Würfel schneiden. Alle Zutaten im Wok anbraten. Mit etwas Geflügelbrühe und Sojasauce glasieren und mit Sojabohnen und Zucker abschmecken. Zum Schluss frisches Thai-Basilikum und Frühlingslauch unterheben.

GLASIERTE ENTENLEBER AUS DEM WOK MIT GESALZENEN SOJABOHNEN UND KNOBLAUCH

CLAUDIA SCHRÖTER

Rezept für 4 Personen

1 Ente, 2,2–2,6 kg (küchenfertig vorbereitet, die Haut darf nicht verletzt sein)

Gewürzsud:
1 Zimtstange
1 Lorbeerblatt
0,5 l Sherryessig
2 l Wasser
1 EL Honig
2 EL Glukose

Entensauce:
400 ml Wasser
400 g Zucker
ca. 1 EL Honig
ca. 5 EL gesalzene Sojabohnen

Reiscrêpes:
150 g Schweineschmalz
1/4 l kochendes Wasser
250 g Reismehl
1 Bambusdämpfer

Gemüsebeilage:
1 Stück Salatgurke
Frühlingslauch
rote Chilischoten
1 Bund Koriander

Damit sich die Haut vom Entenfleisch trennt, einen dünnen Schlauch zwischen Brust und Haut schieben und kräftig aufblasen. Die Ente mit kochendem Wasser übergießen und anschließend für den Gewürzsud alle Zutaten in einem Topf aufkochen. Die Ente mit dem Sud marinieren und ca. 24 Stunden trocknen lassen.

Die fertige Ente bei 180 °C ca. 30 Minuten im Ofen braten, bis die Haut goldbraun ist.

Für die Entensauce alle Zutaten in einen Topf geben und reduzieren lassen, bis die Sauce dunkel und dickflüssig ist. Anschließend pürieren und durch ein Sieb passieren.

Für die Crêpes Wasser und Schweineschmalz aufkochen. Das Mehl unter die heiße Flüssigkeit rühren. Den Teig glatt kneten und etwas auskühlen lassen. Den Teig mit einem Nudelholz zu dünnen Crêpes ausrollen. Anschließend in einer Pfanne von beiden Seiten backen. Zum Schluss im Bambusdämpfer über kochendem Wasser dämpfen.

Das Gemüse für die Crêpes in dünne Streifen schneiden.

Die kross gebratene Haut von der Ente lösen und mit dem Gemüse und der Sauce in die Crêpes einrollen.

PEKINGENTENHAUT SERVIERT MIT CRÊPES, PEKINGENTENSAUCE, LAUCH, GURKE UND CHILI

CLAUDIA SCHRÖTER

TEMPURA VOM PEKING-ENTENFLÜGEL MIT GAMBAS GEFÜLLT

CLAUDIA SCHRÖTER

Rezept für 4 Personen

4 Entenflügel (gegart)
2–4 Gambas
Fischsauce
1 Chilischote, gehackt
Mehl

Tempurateig:
15 g Eigelb
125 ml kaltes Mineralwasser
60 g Mehl
Fett zum Ausbacken

100 g Frühlingslauch
1 Knoblauchzehe
50 ml Geflügelfond
Fischsauce
2 EL Zucker

Die Entenflügel vom Knochen befreien. Die Gambas putzen und in kleine Würfel schneiden. Diese mit etwas Fischsauce und Chili abschmecken. Anschließend die Flügel mit der Masse füllen.

Für den Tempurateig das Eigelb mit dem Wasser schaumig schlagen und das Mehl unterrühren. Die Flügel mehlieren und durch den Tempurateig ziehen, in heißem Fett ausbacken.

Das Gemüse klein schneiden und im Wok anbraten. Mit Geflügelfond ablöschen und mit Fischsauce und Zucker abschmecken.

Rezept für 4 Personen

Entenknochen

1/2 l kräftige Geflügelbrühe

1 Ei

70 ml Sojamilch

2 EL Reiswein

Salz und Pfeffer

Shiitake-Pilze

Frühlingslauch

Aus den Entenknochen eine kräftige Brühe kochen. Ei, Sojamilch, Reiswein, Salz und Pfeffer vermengen. Die Masse in eine Suppentasse geben und über dem Wasserbad stocken lassen, dann in feine Würfel schneiden. Shiitake-Pilze und Frühlingslauch putzen, klein schneiden und mit den Würfeln in eine Suppentasse geben. Die Geflügelbrühe eingießen.

PEKINGENTEN-ESSENZ MIT SHIITAKE-PILZEN UND EIERSTICH

CLAUDIA SCHRÖTER

GEBRATENE PEKINGENTEN-BRUST AUF JUNGEM GEMÜSE

CLAUDIA SCHRÖTER

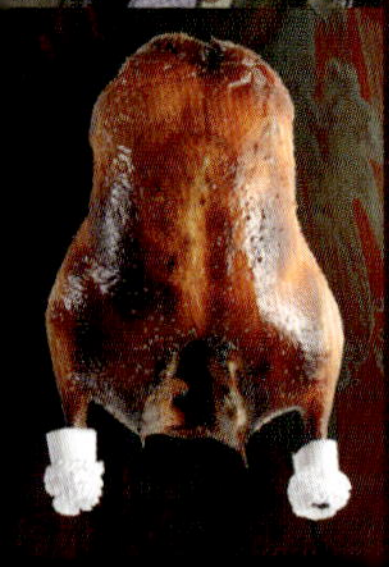

Rezept für 4 Personen

2 Entenbrüste
1 Dose Bambussprossen
5 Babymaiskolben
5–6 Shiitake-Pilze (je nach Größe)
50 g Sojasprossen
1 Bund Frühlingslauch
1 Karotte
50 g Zuckerschoten
100 ml Geflügelbrühe
2 EL Fischsauce
2 EL Austernsauce
1 EL Zucker

Die Entenbrüste auslösen und im Ofen zu Ende garen. Das Gemüse in kleine Stücke schneiden, im Wok anbraten und mit Geflügelbrühe ablöschen. Mit Fischsauce, Austernsauce und Zucker abschmecken.

ENTENHACK VON DER KEULE
CLAUDIA SCHRÖTER

Rezept für 4 Personen

1 Entenkeule

ca. 10 Wasserkastanien, gehackt

50 g Cashewkerne, gehackt

2–3 Korianderwurzel, gehackt

3 EL Pflanzenöl

2 EL Sojasauce

2 EL Austernsauce

1 Salatherz

Fleisch der Entenkeule durch den Fleischwolf drehen. Wasserkastanien, Cashewkerne und Korianderwurzeln im Mörser zu einer Paste verarbeiten.

Das Entenhack in Öl anbraten und mit der Paste abschmecken. Etwas Sojasauce und Austernsauce dazugeben. Das Entenhack mit dem Salat auf einem Teller servieren.

Grundsätzlich eines: Das Essen in China ist sehr gut. Schmackhaft, mit wenig Fett, frisch und knackig zubereitet. Ganz gleich, ob man in einem der noblen Restaurants in der City, einem einfachen Vorort-Restaurant oder in einer Garküche isst. In der ersten Kategorie kostet ein komplettes Mahl inklusive der Getränke – zumeist ein erstklassiger Tee oder chinesisches Bier wie Tsingtao – umgerechnet etwa 15 Euro pro Person. Für das gleiche Geld kann man allerdings in einem Restaurant in einem Pekinger Vorort zu viert opulent speisen. Chinesische Weine sind qualitativ noch nicht mit den europäischen vergleichbar, daher ist chinesisches Bier als Essensbegleitung durchaus empfehlenswert.

BEIJING CITY FOOD EXPERIENCE

Chinesische Wurstspezialitäten im Kaufhaus

快餐國家 ASIEN IST FAST FOOD-LAND

Vorweg grundsätzlich: Fast Food ist natürlich keine Qualitätsbezeichnung, sondern eine Art zu servieren bzw. zu konsumieren. Dass man Fast Food auch hochwertig, intelligent und irre gut produzieren kann, beweisen die Asiaten. Sushi in Japan, Japanese Pizza, ein Teller mit Reis, auf den das Frischeangebot des Tages gestreut wird, oder Grillspieße. Diese Fast Food-Konzepte basieren auf lokalen Traditionen und werden stark frequentiert.

In den Metropolen Asiens essen 60% der Menschen täglich Fast Food. Bei uns sind es etwa 10%. Die Gründe dafür sind die gute Qualität des Angebots, aber auch die langen Arbeitszeiten und die kleinen Wohnflächen der Chinesen. Man lebt eher draußen und ist nach einem langen Arbeitstag zu müde, um noch Energie fürs Kochen aufzubringen.

Der große Vorsitzende

Die meisten der traditionellen Garküchen mussten Fast Food-Restaurants mit modernem westlichen Ambiente weichen. An ihre Stelle sind wie überall die bekannten Hamburger-, Pizza- und Chicken-Restaurantketten getreten, aber auch chinesische Konzepte setzen sich durch. Doch in einigen Stadtvierteln und staatlich genehmigten „Reservaten" hat sich diese alte Imbisskultur erhalten. Einer dieser „Foodkultur-Nationalparks" ist der Dong Hua Men Night Market. Hier findet man in einigen Gässchen neben der Edeleinkaufsstraße Wangfujing noch einigermaßen Alt-Pekinger Flair.

Die Szenerie erinnert an den Film „Big Trouble in Little China", und man würde sich nicht wundern, wenn plötzlich rivalisierende Kung Fu-Banden hier ihre Kämpfe austragen oder Großmeister der Kampfkunst mit flirrenden Gewändern über die Dächer springen würden.

Über dieser Landschaft mit kleinen Shops und Imbissbuden thront eine Bühne, auf der chinesischer Gesang oder Stücke aus der chinesischen Oper vorgetragen werden.

GARKÜCHEN, DIE CHINESISCHEN IMBISSBUDEN

Fast alles findet unter freiem Himmel statt. Hier sitzen, essen und trinken Pekinger, Touristen und einzelne kräftige Herren mit zwei oder mehr jungen Damen, die sich allerdings nicht fotografieren lassen wollen. Wenn die Triaden in China existieren sollten, haben sie vielleicht in solchen Gassen ihre Zentrale.

Man isst Suppen oder Gegrilltes am Spieß, das man sich an der Auslage aussucht und den Köchen zum Garen gibt. Neben diesen marinierten Fleischspießen mit Huhn, Lamm, Rind, Fisch oder Tintenfisch werden auch für uns doch etwas gewöhnungsbedürftige Spezialitäten angeboten: Skorpione, Seesterne, Seepferdchen, Seenadeln, Eidechsen sowie Puppen von Schmetterlingen wie Seidenraupen. Diese chinesischen Spezialitäten schmecken allerdings besser, als sie für Europäer aussehen. Für diese Art Restaurantlandschaft wurde der Begriff „Hawker Food" geprägt. Mehrere Restaurants teilen sich Tische, die auf der Straße stehen. Die Gäste schwirren aus, um sich mit einer Auswahl zu versorgen. Und alle treffen sich wieder, irgendwo in der Mitte an einem Tisch, der gerade frei wird.
Eine gute Idee.

CHINESISCHE SPUREN IN DER STADT DES LÄCHELNS

„Stadt der Engel, große Stadt und Residenz des Heiligen Juwels, uneinnehmbare Stadt Gottes, Große Hauptstadt der Welt ..."
So fängt der Name der Stadt an, in der wir uns befinden. Es ist der längste Städtename der Welt. 168 lateinische Buchstaben sind nötig, um ihn niederzuschreiben. Da man hier in dieser quirligen Metropole keine Zeit hat, diesen Namen immer komplett auszusprechen, kürzen ihn die Einwohner ab und sagen kurz „Krung Thep", Stadt der Engel. International hat sich aber die Bezeichnung Bangkok durchgesetzt. Hier befindet sich auch eine der bedeutenden Chinatowns Asiens. Den Stadtteil Samphanthawong prägen chinesische Geschäfte mit glitzerndem Gold und zahlreichen Lebensmittelshops und chinesischen Garküchen.

Die Kulturen verweben sich immer mehr, und auch ihre Küchen gleichen sich an. Etwa 10–15% der Bevölkerung haben chinesische Wurzeln. Der offizielle Wahlspruch der Stadt lautet übersetzt in etwa: „Leiste den Unterprivilegierten Hilfe, beende die Luftverschmutzung, löse die großen Verkehrsprobleme, und jeder in der Stadt sei freundlich." Letzteres braucht man eigentlich nicht niederzuschreiben, denn die Freundlichkeit scheint den Thailändern angeboren zu sein. Stadt des Lächelns. Wir fahren ins „Millennium Hilton Hotel". Der General Manager Thomas Hoeborn hat uns eingeladen, dieses Luxushotel und seine Küchen zu besuchen. Auch hier freundliches Lächeln auf allen Gesichtern. Und sicher ist das nicht gespielt, das ist echt und so gemeint.

Thomas Hoeborn wird uns später erzählen, dass es Teil der Mitarbeitermotivation ist, dieses Lächeln zu erhalten. Nicht nur der Gast, auch die Angestellten sollen sich im Hotel wohl fühlen. Hotel des Lächelns also. Pansiri Rungrattawatchai, die Public Relations Managerin, empfängt uns und nimmt uns unter ihre Fittiche. In der Zeit unseres Aufenthalts wird sie uns nicht von der Seite weichen. Sich um alles kümmern, alles organisieren, was wir sehen möchten und „Watch your step" rufen, wenn wir uns auf eine Schwelle zu bewegen. Dass sie auch bemüht ist, mir die Türen zu öffnen, ist mir zugegebenermaßen etwas peinlich, denn die zarte, hübsche Frau bringt schätzungsweise höchstens die Hälfte meines Gewichts auf die Waage.

Das „Flow" als Hauptrestaurant liegt direkt am Fluss, und besonders abends bietet es mit eindrucksvollen Illuminationen aus lodernden Flammen, kleinen Lampen und dem Lichtermeer der gegenüberliegenden Metropole, das sich im Wasser bricht und verdoppelt, eine wunderbare Kulisse für gutes Essen. Wir ziehen die Terrasse dem klimatisierten Innenraum vor. Zur Auswahl stehen eine Vielzahl internationaler Spezialitäten. Zwei Sushi-Meister führen ihre Kunst vor, und an mehreren Stationen wird das Essen direkt vor dem Gast zubereitet. Unser Interesse gilt der thailändischen Küche, die hier mit chinesischen Einflüssen zelebriert wird. Hier arbeitet Supoj Suwanwong. Er gilt als einer der besten Chefs des Landes. Spontan begeistert von dem, was er uns zubereitet, verabreden wir uns für den nächsten Morgen zu einem Rezeptshooting.

CHINESE-THAI-FUSION CUISINE

YAM SOM-O
SCHARFER PAMPELMUSENSALAT MIT HÜHNCHEN UND GARNELEN

KIEW WAN GOONG TORD
FRITTIERTE TIGER PRAWNS MIT GRÜNER CURRYSAUCE

400 g Pomelospalten, geschält und von weißen Zwischenhäuten und Kernen befreit
150 g Hühnchenfleisch, gekocht und gezupft
200 g weiße Shrimps, gekocht und gewaschen
10 g Chilipaste in Öl
10 g Julienne von roten Chilischoten
10 g Chiliflocken
50 g feine Schalottenjulienne
Fischsauce
Saft von einer Limette
Zucker
Koriander

Garnitur:
40 g geröstete Erdnüsse, gehackt
50 g geröstete Kokosnussflocken
frittierte Schalottenjulienne

1/2 Cantaloupe-Melone zum Anrichten

Pomelosegmente mit den Fingern vorsichtig in größere Stücke zerteilen und in eine Schüssel geben. Hühnerfleisch und Shrimps hinzufügen. In einer kleineren Schüssel Chilipaste, Chilijulienne, Chiliflocken und Schalotten vermischen. mit Fischsauce, Limettensaft, Zucker, und Koriander abschmecken und über dem Pomelosalat verteilen.
Den Salat in einer halben Cantaloupe-Melone servieren und mit Erdnüssen, Kokosflocken und frittierten Schalottenjulienne garnieren.

1 kg Tiger Prawns, geschält und gewaschen
Pflanzenfett

Sauce:
250 g Kokosnussmilch
200 g grüne Currypaste
50 g Fischsauce
100 g Palmzucker
50 g rote Chilischote, fein gehackt
30 g Limettenblätter
50 g Thai-Basilikum

Garnelen schälen, entdarmen und unter kaltem Wasser kurz abspülen. Pflanzenfett in einer Pfanne auf mittlere Hitze bringen und die Garnelen glasig braten. Für die Sauce das Öl aus der Pfanne abgießen und die Kokosnussmilch darin zum Kochen bringen. Grüne Currypaste zufügen und mitkochen, bis die Aromen sich entfalten. Die Sauce mit Fischsauce und Palmzucker abschmecken. Chili, Limettenblätter und Basilikum zufügen und kurz mitkochen.
Die Garnelen auf einem tiefen Teller arrangieren und mit der Sauce servieren. Den Teller mit Chilijulienne und Streifen von Limettenblättern garnieren.

FLOW – IN GENÜSSEN TREIBEN LASSEN
EXECUTIVE SOUS CHEF SUPOJ SUWANWONG

GOONG SARONG
FRITTIERTE TIGER PRAWNS IN FADEN-NUDELN MIT MANGO-CHILI-SALSA-DIP

KHAO PHAD POO
GEBRATENER REIS MIT GARNELEN, SCHWEINE- ODER HÜHNERFLEISCH

120 g Tiger Prawns, geschält und entdarmt
Zitronengras, zum Aufspießen der Garnelen

Marinade:
10 g Knoblauch, fein gehackt
5 g Korianderblätter, gehackt
1 EL helle Sojasauce
weißer Pfeffer aus der Mühle

Umhüllung:
Vermicelli / Fadennudeln
Pflanzenöl zum Frittieren

Mango-Salsa:
40 g Mango, gewürfelt
60 ml Sweet Chili Sauce „Mae Pranorm"

Die Garnelen schälen, entdarmen und unter kaltem Wasser kurz abwaschen. Das Zitronengras anspitzen und die Garnelen vertikal aufspießen.
Für die Marinade die Zutaten vermischen und die Garnelen darin marinieren.
Anschließend die marinierten Garnelen mit den gekochten Nudeln umwickeln, bis sie vollständig eingerollt sind.
Für die Salsa die reife Mango in feine Würfel schneiden und mit der Sweet Chilisauce vermischen.
Die Garnelenspieße im heißen Pflanzenfett frittieren bis sie schön knusprig sind. danach auf einem sauberen Küchentuch abtropfen lassen und die Spieße zusammen mit der Mango-Salsa noch warm servieren.

400 g Krabbenfleisch

Gebratener Reis:
200 ml Pflanzenöl
1 kg gedämpfter Basmatireis
8 Eier
Salz
Pfeffer
weiße Sojasauce
50 g Frühlingszwiebeln

Sauce:
4 Krabbenscheren
10 g Knoblauch
10 g Korianderblätter
5 ml Austernsauce
5 ml helle Sojasauce
schwarze Pfefferkörner
150 ml Hühnerfonds

Garnitur:
100 g Gurkenjulienne
8 Limettenscheiben
80 g Tomate

Für die Sauce etwas Pflanzenöl in einem Wok erhitzen, die Krabbenscheren darin glasig braten und an den Rand schieben. Knoblauch und Korianderblätter kurz anbraten, Austern- und Sojasauce zugeben, mit frisch gemahlenem Pfeffer abschmecken und mit Hühnerfond auffüllen. Die Flüssigkeit auf die Hälfte reduzieren lassen und von der Hitze nehmen. Die Krabbenscheren in der Sauce warm halten.
Für den gebratenen Reis Pflanzenöl in einem Wok erhitzen und die Eier einlaufen lassen und gut verrühren. Bevor das Ei stockt, den gedämpften Reis und das Krabbenfleisch zugeben und schnell anbraten. Die Masse mit Salz, Pfeffer, Sojasauce würzen und gut vermengen. Zum Schluss fein geschnittene Frühlingszwiebeln unterheben.
Den gebratenen Reis in Reisschalen füllen, jeweils mit einer Krabbenschere anrichten und mit Gurkenjulienne, Limettenscheiben und Tomatenwürfeln garnieren.

Der Name des Restaurants, der im Chinesischen so viel bedeutet wie „Quelle", könnte passender nicht sein: „Yuan" ist eine Quelle des Genusses altchinesischer kulinarischer Tradition in moderner Interpretation. Spezialitäten wie Dim Sum, Pekingente und kantonesische Regionalgerichte werden in der offenen Küche ständig frisch vor den Augen der Gäste zubereitet: traditionelle chinesische Küche mit dem Touch Thailands. Das Restaurant bietet ein großes Sortiment seltener asiatischer und orientalischer Teesorten, die direkt am Tisch von Teemeister Worajit nach traditioneller Zeremonie zubereitet werden. Wem ein Heißgetränk nicht behagt, dem steht die Auswahl großer Weine sowohl aus der Neuen als auch aus der Alten Welt zur Verfügung. Modernes Design des Interieurs machen das „Yuan" nicht nur zu einer kulinarischen, sondern auch zu einer optischen Sensation. Der Hoteldirektor Thomas Hoeborn sagt dazu: „Ein chinesisches Restaurant ist mehr wie eine Showküche. Im chinesischen Restaurant ist es sehr, sehr wichtig, dass man den Gast anregt. Sie haben verschiedene Kochstationen, wie zum Beispiel den chinesischen Barbecue-Ofen, die Woks, die Dämpfer. Die Gerichte werden vor dem Gast zubereitet, der Gast muss das riechen, der muss das hören, der muss das fühlen, wenn die Speisen zubereitet werden. Das gibt dann das richtige Ambiente in einem chinesischen Restaurant."

YUAN, DAS CHINA-RESTAURANT

Nachdem wir festgestellt haben, dass sich der Wahlspruch der Stadt in Bezug auf die Freundlichkeit der Menschen durchaus bewahrheitet, müssen wir nun feststellen, dass der Part „Löse die großen Verkehrsprobleme" noch in den Kinderschuhen steckt. Zwar stellt man uns seitens des Hotels für unsere Exkursionen zu den Märkten, Chinesenviertel und Restaurants der Stadt großzügig eine Limousine zur Verfügung, doch diese erreicht, angesichts der Verkehrsstaus, gefühlt nur Schrittgeschwindigkeit. Die wahre Antwort auf die Verkehrsprobleme heißt Tuc Tuc oder Wassertaxi. Tuc Tucs sind Motorrad-Rikschas, mit denen man schnell und unkompliziert durch den Verkehr manövriert wird. Der typische Tuc Tuc-Fahrer wirkt immer ein wenig durchgeknallt und ist sehr geschäftstüchtig. Handelt man vorher keinen Fahrpreis aus, landet der Unbedarfte zumeist in irgendwelchen Touristenshops, in denen der Fahrer Provision bekommt. Tut man es jedoch, kommt man sehr schnell von A nach B.

Ein weiteres geniales Fortbewegungsmittel ist das Boot. Wassertaxis erschließen einen großen Teil der Sehenswürdigkeiten über den Fluss oder die Klongs, die Kanäle. Diese Art der Fortbewegung ist eine der interessantesten, denn man kann das Leben am Ufer, das Leben der Menschen von, mit und auf dem Fluss gut beobachten. Die Bewohner Bangkoks reisen gerne mit dem Boot, und so begegnet man schwimmenden Händlern und Garküchen. Spannend sind auch die Speedboote. Lange, schmale „Longtail-Boote", die von

ausrangierten LKW-Motoren angetrieben werden. Die Motoren sind genau auf dem Schwerpunkt gelagert und lassen sich so mit ihren langen Antriebsstangen relativ leicht ins Wasser schwenken. Große Wasserfontänen hinter sich herpflügend, durchschneiden sie die gelben Fluten der Gewässer.

Auch wir lernen schnell die Vorzüge der Wasserwege lieben, und natürlich organisiert Pansiri ein Boot nur für uns, das direkt am Hotel anlegt und uns zu unseren Zielen bringt.

Die Garküchen

Die Garküchen der Stadt bieten hochwertiges Fast Food. Für europäische Verhältnisse muss man zwar einige Abstriche in punkto Hygiene machen, aber die Qualität der Zutaten, geboren aus der Liebe der Asiaten zum frischen Lebensmittel, machen das wieder wett. Historisch werden solche Mahlzeiten von kleinen Booten aus verkauft. Denn früher spielte sich das Leben hauptsächlich auf dem Wasser ab. Mit dem Ausbau des Straßennetzes verlagerten sich die Garküchen an deren Ränder. Asiaten arbeiten sehr lange und leben meist auf kleinstem Raum. Daher wird zu Hause wenig gekocht. In Garküchen zu essen ist deshalb absolut normal. Viele Hausfrauen nehmen auch vorgegartes Essen mit nach Hause, wo es dann nur kurz erwärmt und serviert wird.

Die moderne Form der Garküchen sind die Foodmeilen. Eine ganze Reihe verschiedener Küchen teilen sich einen gemeinsamen Sitzbereich. Die Besucher schwärmen aus, nehmen sich, was sie möchten, und treffen sich dann zum gemeinsamen Essen am Tisch wieder.

„Hawker Food" nenne ich dieses Konzept gerne. Bezahlt wird übrigens meist mit zuvor erworbenen Chips oder Plastikgeld.

Die Märkte

Wie überall in Asien sind auch die Märkte in Bangkok sensationell.

Asiaten lieben es, Lebensmittel frisch zu kaufen. Vorratshaltung, so wie wir sie kennen, ist unüblich. Man kauft, was man für die nächste Mahlzeit braucht. Das bringt Leben in die Einkaufsgassen.

Einige spannende Produkte stellen wir Ihnen auf den nächsten Seiten vor.

Rambutan

(lat. Nephelium lappaceum)

Ursprung: Südostasien

RAMBUTAN

Beschreibung: Die Rambutan ist eine enge Verwandte der Litchi. Auf Grund ihrer langen, weichen, grünlich-gelben Stacheln wird sie auch „haarige Litchi" genannt. Die rundlich-ovalen Früchte haben in Südostasien im Juli und August Saison, ihre Farbe ist dann leuchtend-rot. Das perlmutt-schimmernde, süße, geleeartige Fruchtfleisch ähnelt auch in Aussehen und Geschmack der Litchi.

Kulinarisches: Die Rambutan sollte roh verzehrt werden. Man kann sie an exotische Obstsalate geben oder als Beilage zu asiatischen Gerichten reichen. Zum Öffnen der Frucht die Schale vorsichtig mit einem Messer halbieren und eine Hälfte quasi abheben. Der Kern im Inneren ist nicht genießbar.

Rezept für 4 Personen

Rambutan-Dim Sum:

20 Rambutan

30 g Litschipüree

3 g Metil

30 g Zucker

12 Blätter Dim Sum-Teig

60 g Palmzucker

etwas Butter und Panko-Mehl

Guavensorbet:

230 ml Wasser

50 g Litschipüree

100 g Glukose

160 g Zucker

500 g Guavenpüree

Knusperteig:

4 Blätter Dim Sum-Teig

30 g Puderzucker

20 g Butter, flüssig

Die Rambutan schälen und vom Stein lösen. Das Fruchtfleisch in Streifen schneiden. Den Saft auffangen und mit dem Litschipüree verrühren. Das Metil mit dem Zucker mischen und untermixen. Dann das Fruchtfleisch hinzugeben, alles abdecken und über Nacht kalt stellen.

À la minute pro Portion drei Dim Sum-Blätter mit ein paar Streifen Rambutan und etwas Püree füllen und zusammenklappen. In leicht mit Palmzucker gesüßtem, kochendem Wasser pochieren. Vor dem Servieren in einer mit Palmzucker gesüßten Butter-Panko-Schmelze schwenken.

Für das Sorbet Wasser, Litschipüree, Glukose und Zucker erwärmen, bis alles gut aufgelöst ist. Den Sirup mit dem Guavenpüree vermixen und in der Eismaschine cremig ausfrieren.

Für den Knusperteig die fertigen Teigblätter übereinander gestapelt lassen und zusammen so dünn wie möglich ausrollen, am besten durch die Ausrollmaschine laufen lassen, bis sich die Länge vervierfacht hat. Die langen Teigplatten voneinander lösen und jede einzelne mit Butter bestreichen und mit Puderzucker bestreuen. Über eine wellige, backstabile Form legen und im Ofen goldgelb backen, bis der Zucker leicht karamellisiert ist. Bis zum Servieren luftdicht verwahren.

Zum Anrichten eine Knusperteig-Welle auf dem Teller platzieren, außen herum ein wenig der eingelegten Rambutan verteilen. Die warmen Dim Sum mit einem dünnen Streifen der Schmelze davor platzieren. Eine Nocke des Guavensorbets auf dem Knusperteig anrichten und servieren.

SÜSSE RAMBUTAN-DIM SUM MIT GUAVENSORBET UND KNUSPERTEIG

MATTHIAS LUDWIGS

Longkong
(lat. Lansium domesticum)
Ursprung: Malaysia

Beschreibung: Die Longkong hat eine dicke, raue Schale und ähnelt der Litschi. Ihr süßes bis süß-saures Fruchtfleisch ist in kleine Segmente unterteilt, klebrig und nahezu durchsichtig. Saison hat die Longkong von Mai bis November. Die Kerne der Longkong schmecken bitter und sollten nicht mitgegessen werden. Dies gelingt mühelos, da die Frucht nahezu kernlos ist.

Kulinarisches: Longkongs werden frisch und roh gegessen. Zum Öffnen die Schale mit dem Daumen am Strunk aufbrechen, in zwei Hälften teilen und das Fruchtfleisch heraustrennen.

LONGKONG

LONGAN

Longan

(lat. Dimocarpus longan)

Ursprung: Südostasien

Beschreibung: Die Longanfrucht, wegen ihres schwarzen Kerns in dem weißen, durchscheinenden Fruchtfleisch auch Drachenauge genannt, erinnert mit ihrem sehr saftigen Fruchtfleisch an die Litschi. Die Größe ist vergleichbar mit einer Cocktail-Tomate. Die Kerne sind nicht essbar, im Gegenteil, sie geben einen unangenehmen bitteren Geschmack ab.

Kulinarisches: Die Thais essen frische Longanfrüchte meistens frisch und ungekühlt. Sie eignen sich aber auch für Suppen, süß-saure Speisen, Reis- und Gemüsegerichte und Desserts. Es gibt auch Tee und Likör aus Longanfrüchten.

HUNDERTVIERZEHN / HUNDERTFÜNFZEHN 114 / 115

Rezept für 4 Personen

Grüntee-Cake:

125 g Eiweiß

50 g Mandelgrieß

145 g Puderzucker

50 g Mehl

10 g Kokosflocken

2 g Matcha-Grüntee

125 g Butter

Longanragout:

12 Longans

140 ml Wasser

4 g Sencha-Grüntee

20 g Zucker

0,5 g Xanthan

0,5 g Matcha-Grüntee

Kalamansisorbet:

450 ml Wasser

100 ml Glukosesirup

2 g Eisbindemittel

250 g Zucker

200 g Kalamansipüree

Eiweiß mit allen Zutaten außer der Butter glattrühren. Die Butter zu heller Nussbutter bräunen und unter die Masse mischen. Die Masse in kleine Stangenformen füllen und bei 180 °C ca. 8 Minuten backen. Zum Servieren nochmal leicht anwärmen.

Für das Ragout die Longans schälen, entsteinen und halbieren. Das Wasser auf 80 °C erwärmen und den Sencha-Grüntee dazugeben. 2 Minuten ziehen lassen und passieren. Zucker mit Xanthan mischen und untermixen. 30 ml von dem Sencha-Grüntee abnehmen und das Matcha-Grünteepulver darin auflösen. Die Longanhälften in dem restlichen Tee-Fond zu 80% vakuumieren und über Nacht kühlen.

Für das Sorbet Wasser mit dem Glukosesirup auf 40 °C erwärmen. Das Eisbindemittel mit dem Zucker mischen, unterrühren und solange kochen, bis fast der Siedepunkt erreicht ist. Etwas abkühlen lassen und mit dem Kalamansipüree vermixen. In der Eismaschine frieren.

Zum Anrichten zwei Streifen des Cakes auf dem Teller platzieren, dazwischen und daneben ein paar Hälften der eingelegten Longans verteilen. Die Grünteesauce außen herum ziehen und auf dem Cake eine Nocke Kalamansisorbet anrichten.

GRÜNTEE-CAKE MIT LONGANS UND KALAMANSISORBET

MATTHIAS LUDWIGS

Durian

(lat. Durio zibethinus)

Ursprung: Indonesien, Malaysia

Beschreibung: Die Durian wird auch Stink- oder Käsefrucht genannt. Diese Namen hat sie nicht von ungefähr: Bereits wenige Tage nach dem Pflücken beginnt die Frucht einen fast unerträglichen Geruch nach faulen Eiern, Kot oder Terpentin zu entwickeln. In Hotels und Flugzeugen in Asien ist die Frucht daher verständlicherweise meist verboten, zumal es schwer ist, den Geruch wieder loszuwerden, hat er sich einmal festgesetzt. Nichtsdestotrotz gilt die Durian in Südostasien als eine der größten Delikatessen. Denn ist die etwa kokosnussgroße stachelige Frucht frisch, erinnert die Konsistenz des Fruchtfleisches an festeren Vanillepudding und der Geschmack an eine Mischung aus Banane, Mango, Ananas, Papaya und Vanille.

Kulinarisches: Die Durian wird an den Nähten geöffnet, der Kern mit dem Fruchtfleisch herausgelöst und das Fruchtfleisch verzehrt. Durianfrüchte können neben dem rohen Verzehr auch für Marmeladen, Kuchen, Speiseeis und Fruchtsäfte verwendet werden. Auch für Currygerichte wird die Frucht gerne genutzt.

DURIAN

Jackfrucht

(lat. Artocarpus heterophyllus)

Ursprung: Westindien

Beschreibung: Die Jackfrucht gehört zu den größten Früchten der Welt. Sie sind 30 bis 50 cm lang und können bis zu 50 kg schwer werden. Halbiert finden sich in handtellergroße Spalten aufgeteilt die Einzelfrüchte. Diese sind umgeben von einer ungenießbaren Faserschicht, welche ein klebriges Sekret absondert, das sich nicht mit Wasser, jedoch mit Öl von der Haut lösen lässt. Essbar sind sowohl die Einzelfrüchte, welche einen Geschmack wie Bananen haben, als auch die im Inneren liegenden Samenkerne, die nach Kastanien schmecken.

Kulinarisches: Die Samen können roh, gekocht, geröstet oder getrocknet verzehrt werden. Beim Rösten wird die harte Schale, wie bei der Marone, erst nachträglich entfernt. Beim Kochen wird der Samen aus der Schale entfernt und zusammen mit Kartoffeln und anderem Gemüse beispielsweise in Curry verwendet. Die Einzelfrüchte werden hauptsächlich roh gegessen oder in Süßspeisen verarbeitet.

Jujube

(lat. Ziziphus jujuba)

Ursprung: China

Beschreibung: Die etwa olivengroße Frucht in Farbvarianten von Zartgelb bis Rotbraun wird auch China-Dattel oder rote Dattel genannt. Schon seit Jahrhunderten als getrocknete Beere in der traditionellen chinesischen Heilkunde verwendet, findet Jujube auch in der Küche Verwendung. Das erfrischend saure Fruchtfleisch erinnert an einen knackigen Golden Delicious Apfel.

Kulinarisches: Um den leicht sauren Geschmack frischer Jujube auszugleichen eignet sich ein Zucker-Salz-Dip, verfeinert mit klein gehackter Chili. Jujube eignet sich ausgezeichnet zum Trocknen, was den Geschmack milder und süßer macht. In dieser Form werden die Früchte zum Würzen von sowohl süßen als auch herzhaften Speisen genutzt. Ein Tee, aufgebrüht aus den getrockneten Beeren, soll bei Erkältungen helfen.

JUJUBE

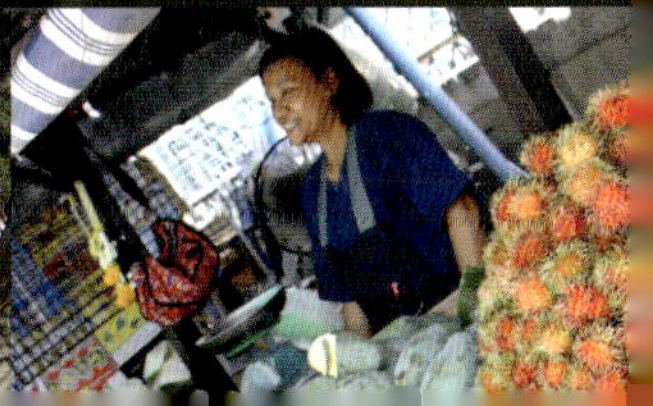

Mangostane

(lat. Garcinia mangostana)

Ursprung: Malaysia

Beschreibung: Die rundliche Frucht ist etwa tomatengroß und hat eine dicke, recht schwer zu öffnende dunkelrot gefärbte Schale. Unter der Schale befindet sich das schneeweiße, sahnig-saftige, weiche Fruchtfleisch in 4 bis 8 dreieckigen Segmenten, das im Geschmack mild säuerlich ist und sich zwischen Trauben, Ananas, Grapefruit und Pfirsich bewegt.

Kulinarisches: Die Mangostane sollte in jedem Fall frisch und roh verzehrt werden, da sie beim Erhitzen einen Großteil ihres feinen Aromas verliert. Am besten wird die Schale mit einem Messer angeschnitten und dann per Hand aufgebrochen, um das Fruchtfleisch nicht zu verletzen.

Java-Apfel

(lat. Szygium samarangense)

Ursprung: Der Java-Apfel, auch Jambu oder Wachsapfel genannt, gehört zur Familie der Myrtengewächse und trägt birnenförmige Früchte von 8–10 cm Länge.

Beschreibung: Die Früchte haben eine wachsige, dünne, blass orangerote Schale, die bedenkenlos mitgegessen werden kann. Im Inneren der Frucht verbirgt sich weißes, saftiges Fruchtfleisch mit süßsäuerlichem, erfrischendfruchtigem Geschmack, den man mit keiner europäischen Frucht vergleichen kann. Leider sind die Früchte sehr empfindlich, weswegen nur geringe Mengen des JavaApfels exportiert werden. Heimisch ist der Java-Apfel von der malaysischen Halbinsel bis zu den Andamanen, besonders beliebt ist er in Indien und auf den Philippinen. In kleinem Umfang versucht man heute, ihn in tropischen Ländern zu kultivieren. Doch nicht nur die Früchte machen den Rosenapfel, wie er auch genannt wird, so begehrt. Der Wuchs der Pflanze ist äußerst dekorativ, die immergrünen Sträucher bis kleinen Bäume sind dank ihrer pyramidenförmigen Kronen eine besondere Zierde.

JAVA-APFEL

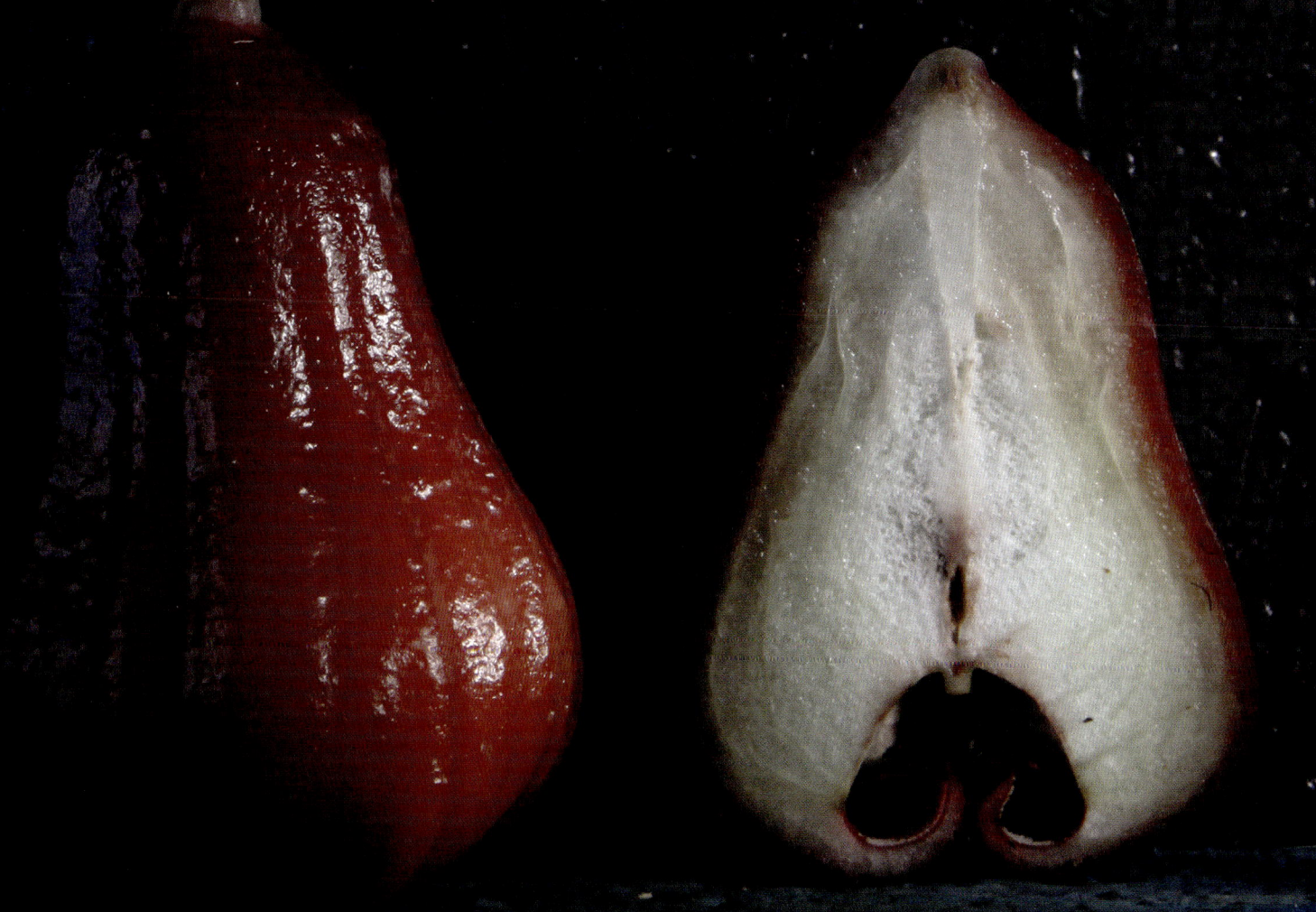

Guave

(lat. Psidium guajava)

Ursprung: tropisches Zentralamerika

Beschreibung: Die kugel- oder eiförmigen Beeren des Guave-Baumes werden zwischen zwei und zwölf Zentimeter lang. Das Fruchtfleisch der reifen Frucht changiert von weißlich zu lachsrosa und hat einen süß-säuerlichen Geschmack. Im Inneren befinden sich zahlreiche Samen, die aber mitverzehrt werden können. Reife Guaven haben einen intensiven und blumigen Geruch.

Kulinarisches: Die reife Frucht kann mit Schale verzehrt werden oder, wie eine Kiwi, ausgelöffelt werden. Durch Pressen der Frucht gewinnt man Guavensaft, der vielen Multivitaminsäften beigemischt ist. Weitere Verarbeitungsmöglichkeiten sind Gelees, Marmeladen, Sirups, Chutneys und Wasserpfeifentabak.

G U A V E

Feijoa
(lat. Acca sellowiana)
Ursprung: tropisches Südamerika

Beschreibung: Die Feijoa, auch unter den Namen Brasilianische Guave oder Ananas-Guave bekannt, ist bei Reife eine grüngelbe, pflaumengroße Frucht. Ihr Aussehen erinnert an eine kleine Avocado. Das körnige Fruchtfleisch dieser Beerenfrucht ist weiß und hat eine Konsistenz ähnlich einer weichen Birne. Der frische süß-säuerliche Geschmack kommt einer Mischung aus Ananas und Erdbeere gleich.

Kulinarisches: Die Früchte werden in der Regel wie Kiwis gegessen, halbiert und ausgelöffelt. Doch auch weiterverarbeitet, als Saft, Joghurt oder Kompott, behält die Feijoa ihren interessanten Geschmack.

Rezept für 4 Personen

4 Langustinen, ausgebrochen
etwa 200 g
Olivenöl
Meersalz
Zitronensaft

Langustinen-Nudeln:
100 g Langustinen, ausgebrochen
150 g Sepiatuben, geputzt, in Würfel geschnitten, angefroren
Salz
Piment d'Espelette
100 ml Jordan Olivenöl

Rotes Thai-Curry-Salz:
2 EL rote Thai-Curry-Paste
100 ml reduzierter Fischfond (ungesalzen)
1 Eiweiß
Maldon Sea Salt

Tamarinden-Sauce:
2 rote Zwiebeln
1 Knoblauchzehe
10 g Ingwer
5 g Butter
Olivenöl
20 ml Weißwein
2 EL Saté-Gewürz
(aus Erdnüssen, Sesam, Chili, Knoblauch, Öl, Anis, Salz, Lakritz, Zimt, Kümel, Koriander)
2 EL Tamarindenpüree
150 ml Hummerfond, kräftig
1 TL Piment d'Espelette
Pfeffer und Salz
1 kleine Ananas
1 mittelgroße Gurke
10 Korianderblätter
5 Basilikumblätter
Olivenöl, Sesamöl
etwas Limonensaft
Meersalz
Piment d'Espelette

Schalottenconfit:
4 Schalotten
4 cl Prelibato Essig
100 ml Hummerfond
Fenchelsamen
Koriandersamen
Pfefferkörner
Thymian
schwarzer, fermentierter Knoblauch

Poveraden Chips:
2 Poveraden (Artischocken)
Pflanzenöl

Getrocknete Zitrusfrüchte:
je 1 Orange, rote Grapefruit, Limette

Die ausgebrochene Langustinen in heißem Olivenöl von beiden Seiten jeweils 1 Minute anbraten und mit Salz und Zitronensaft würzen. Für die Langustinen-Nudeln die Langustinen und Sepiatuben und mit Salz und Piment d'Espelette in der Küchenmaschine fein pürieren. Anschließend das Olivenöl zugeben und weitermixen bis eine homogene Masse entsteht. Es ist darauf zu achten, dass die Farce immer sehr

LANGUSTINENNUDELN MIT ROTEM THAI-CURRY-SALZ, POVERADE UND TAMARINDENJUS

JÖRG SACKMANN

kalt ist. Nun durch ein feines Sieb passieren und zwischen zwei hitzebeständigen Folien dünn ausstreichen. Bei 75 °C ca. 15 Minuten im Hold-O-Mat (oder Ofen) garen. Danach in 16 große Dreiecke mit 12 cm Seitenlänge schneiden und warm stellen.

Für das rote Thai-Curry-Salz Currypaste, Fischfond und Eiweiß sowie Maldon Sea Salt vermengen. Eine Silpatmatte auf ein flaches Blech legen, die Flüssigkeit darauf gießen und im Ofen bei 70 °C ca. 45 Minuten trocknen. Anschließend von der Matte lösen, auf Backpapier umsetzen und sehr trocken lagern, ggf. nachtrocknen. Zum Anrichten nach Belieben in Stücke brechen.

Für die Tamarinden-Sauce Zwiebeln, Knoblauch und Ingwer schälen und fein schneiden. In einer Sauteuse Butter mit etwas Olivenöl zerlassen. Zwiebeln glasig dünsten. Knoblauch und Ingwer hinzufügen, vermischen und kurz dünsten. Mit Weißwein ablöschen und die Flüssigkeit vollständig einkochen lassen. Saté-Gewürz und Tamarindenpürée hinzufügen und gut vermischen. Mit Hummerfond bedecken, mit Salz, Pfeffer und Piment d'Espelette würzen und 5 Minuten leicht köcheln und reduzieren lassen. Ananas und Gurke schälen, in kleine Würfel schneiden und zum Schluss mit den Kräutern in die fertige Sauce geben. Mit Oliven- und Sesamöl abbinden. Mit Limonensaft, Meersalz und Piment d'Espelette abschmecken.

Für das Schalottenconfit Schalotten in feine Brunoise schneiden, mit Essig ablöschen und den Essig vollkommen reduzieren lassen, mit Hummerfond auffüllen. Gewürze zugeben und bedeckt weich schmoren und abschmecken.

Den schwarzen Knoblauch schälen und in sehr dünne Scheiben schneiden. Zum Servieren leicht anwärmen.

Für die Chips die Poveraden putzen und die Härchen komplett entfernen. Auf der Aufschnittmaschine der Länge nach sehr fein aufschneiden und kurz blanchieren. Auf ein Holzstäbchen aufspießen, so dass noch minimal Platz zwischen den einzelnen Scheiben ist. Unter ständiger Bewegung in 140 °C heißem Pflanzenöl frittieren. Nach ca. 10–20 Sekunden die Scheiben so eng wie möglich zusammen schieben und fertig frittieren.

Die Zitrusfrüchte filetieren und abtropfen lassen. Die Filets auf einer Silpatmatte mit Abstand zueinander ausbreiten und im Ofen bei 80 °C von beiden Seiten jeweils 15 Minuten trocknen lassen und anrichten.

Langustinen-Nudeln auf den heißen Teller geben. Das Schalottenconfit zugeben und die gebratene Langustinen aufsetzen. Langustinen wieder mit drei Nudelblättern zudecken und mit Olivenöl beträufeln. Die Tamarindensauce, Grapefruit und Orangen um das Gericht und auf der Langustine verteilen. Curry-Salz-Chip aufsetzen, gebackene Poverade zugeben und warme Knoblauchscheiben auf die Tamarindensauce geben.

Tamarinde

(lat. Tamarindus indica)

Ursprung: Die Tamarinde, auch Indische Dattel genannt, ist die Frucht des Tamarindenbaums. Der Tamarindenbaum gehört zur Familie der Mimosengewächse. Er ist im tropischen Ostafrika sowie in Westasien heimisch.

Beschreibung: Im Inneren der braunen, gewellten Schoten befindet sich das dunkelbraune Fruchtfleisch und die ovalen, harten Samen der Frucht. Das Fruchtfleisch enthält eine hohe Konzentration an Weinsäure und schmeckt daher säuerlich-aromatisch.

Kulinarisches: Die Tamarinde wird in großen Teilen Indiens, Thailands, Indonesiens und Afrikas als Säuerungsmittel für Süßwaren oder zur Herstellung von Erfrischungsgetränken verwendet. Allerdings wird das reife Fruchtfleisch mit dem rosinenartigen Geschmack auch roh verzehrt. Die brüchige Schale der Schote lässt sich leicht von Hand aufbrechen. Tamarinde ist auch eine beliebte Zutat für Würzsaucen aller Art.

KAFFIR-LIMETTE

Kaffir-Limette (lat. Citrus hystrix)

Ursprung: Die Kaffir-Limette stammt aus Südostasien, wird allerdings heute auch in Afrika und Mittelamerika angebaut.

Beschreibung: Die Kaffir-Limette wächst an einem kleinwüchsigen Zitrusbaum, der im späten Frühjahr weiße Blüten trägt. Die Blätter des Baumes haben eine charakteristische Form: An den Blattstielen bilden sich so genannte „Flügel" aus, die das Aussehen zweier zusammengewachsener Blätter haben. Die reife Frucht kann von Spätsommer bis Herbst geerntet werden. Sie hat eine kräftig grüne, runzelige Schale und wird bis zu 5 cm groß. Wird die Kaffir-Limette in gemäßigtem Klima angebaut, wo die Nachttemperaturen unter den Tageswerten liegen, nimmt die Schale im reifen Zustand eine blassgelbe Farbe an. In den Tropen bleibt die Frucht grün.

Kulinarisches: Die Kaffir-Limette hat ein saftarmes, aber sehr aromatisches Fruchtfleisch. Sie wird allerdings nicht frisch verzehrt. Die dünn abgeriebene Schale der Kaffir-Limette wird in Asien als Würzmittel für süße und herzhafte Gerichte verwendet. Auch die Blätter des Baumes werden geschnitten oder im Ganzen zum Kochen und Würzen benutzt.

In Deutschland sind Kaffir-Limetten allerdings nicht erhältlich. Der deutsche Zoll hat unerwartet entschieden, für diese Früchte bis auf Weiteres kein Pflanzenschutzzeugnis zu erstellen. Ob und wann diese Entscheidung revidiert wird, ist ungewiss.

Pitaya

(lat. Hylocereus undatus, Hylocereus polyrhizus) Ursprung: Die ungewöhnlich aussehende Pitaya, Pitahaya oder Drachenfrucht ist die Frucht eines aus Mittelamerika stammenden Kakteengewächses, die mittlerweile vor allem auch in China, Vietnam und Israel angebaut wird.

Beschreibung: Die ovale Drachenfrucht ist in etwa so groß wie eine Avocado, ihre Haut besteht aus fleischigen Schuppen. Die Schale der Früchte kann entweder intensiv pinkfarben oder gelb sein, unter der sich meist weißes Fruchtfleisch verbirgt. In Ausnahmefällen sind die Früchte mit pinkfarbener Schale auch im Inneren intensiv rot. Geschmacklich unterscheiden sich die Früchte stark: die rotfleischige Frucht schmeckt intensiver als die weißfleischige. Das Fruchtfleisch ist gesprenkelt mit unzähligen kleinen, schwarzen Samen.

Kulinarisches: Je nach Reifegrad schmeckt das Fruchtfleisch mild-säuerlich bis sehr süß. Die Frucht eignet sich aufgrund ihres exotischen Aussehens vor allem zur Dekoration und als Zutat für Obstsalate.

Rezept für 4 Personen

Kaffir-Limonenblatt-Panna-Cotta:

2–2,5 Blatt Gelatine

150 ml Sahne, 33% Fett

50 ml Kokosmilch

10 g Zucker

3 Kaffir-Limonenblätter, in feine Streifen geschnitten

1 Prise Salz

Avocadosalsa:

1 Avocado

Saft einer Limone

1/2 rote Chilischote, fein gewürfelt

10 g grüner Koriander, fein gehackt

4 g Petersilie, fein gehackt

3–4 TL Zucker

1 Prise Salz

Balik-Lachs „Tsar Nikolaj":

4 Scheiben Balik-Lachs „Tsar Nikolaj"

2 TL roter Rogen vom fliegenden Fisch

2 EL Crème fraîche

1 Prise Salz

frischer Pfeffer aus der Mühle

Sakura-Kresse-Mix

Für die Panna Cotta Gelatine in kaltem Wasser einweichen. Sahne, Kokosmilch und Zucker zusammen aufkochen. Nun die Kaffir-Limonenblätter und das Salz dazugeben und ca. 40–60 Minuten wie einen Tee ziehen lassen. Die Flüssigkeit durch ein feines

Sieb laufen lassen und erneut erhitzen. Darin die gut ausgedrückte Gelatine auflösen und die Flüssigkeit wieder abkühlen. Wenn die Kaffir-Limonenblatt-Panna-Cotta beginnt anzuziehen, auf ein gerades Blech gießen und in den Kühlschrank stellen.

Avocado schälen, Kern entnehmen. Das Avocadofleisch mit dem Limonensaft vermengen und mit einer Gabel recht fein zerdrücken. Nun Chilischotenwürfel, Koriander und Petersilie hinzugeben. Dann mit Zucker und Salz abschmecken.

Die Balik-Lachs-Scheiben sollten 50–60 g schwer sein. Sie werden nun auf die Limonen-Panna-Cotta gelegt und mit Avocadosalsa und Rogen vom fliegenden Fisch garniert.

BALIK-LACHS „TSAR NIKO-LAJ", LIMONENBLATT-PANNA-COTTA, AVOCADOSALSA

MICHAEL KREILING

Mango

(lat. Mangifera spp.)
Ursprung: Myanmar

Beschreibung: Die Mango ist die beliebteste Frucht unter den Exoten und bei uns fast das ganze Jahr erhältlich. Die länglich-runde Frucht hat eine ledrige Schale mit einer Färbung von Grün über Gelb bis zu leuchtend Rot. Häufig findet sich auch eine Kombination aller drei Farben. Das gelbe, saftig-süße Fruchtfleisch umschließt einen großen abgeflachten Kern, der sich fast durch die gesamte Frucht zieht.

M A N G O

Kulinarisches: Die Verwendungsmöglichkeiten sind vielfältig. Mangos werden zu Saft, Kompott, Marmelade und Eiscreme verarbeitet, finden aber auch in herzhaften Chutneys Verwendung. In Asien werden die unreifen Früchte als Gemüse verarbeitet. Eine reife Mango erkennt man an ihrem angenehm duftenden Aroma und daran, dass sie auf Druck leicht, aber nicht zu stark nachgibt. Um das Fruchtfleisch auszulösen, die Frucht längs in drei Teile schneiden. An den beiden äußeren Seiten mit einem Esslöffel das Fruchtfleisch dicht entlang der Schale in einem Stück herauslösen. Beim Mittelstück mit einem Messer ringsum das Fruchtfleisch vom Kern der Frucht trennen.

Grüne Mango

(lat. Mangifera indica)

Ursprung: Nicht nur weiche, reife, saftige Mangos sind ein Genuss – nein, auch feste, unreife, grüne Mangos werden besonders in Thailand sehr geschätzt!

Beschreibung: Ihr säuerlich-herbes Aroma harmoniert ganz wunderbar zu Speisen, in denen Limetten oder Zitronen verwendet werden. Die grüne Mango wird sowohl roh als auch gegart gegessen. Es handelt sich bei dieser Frucht nicht um eine eigene Sorte, sondern wirklich um die harte, unreife Frucht der Mango, die man wie ein Gemüse verwendet und zubereitet. Erntezeit für die unreifen Früchte ist Mitte April.

Kulinarisches: Die Schnitze der unreifen Mango werden in Dipsaucen oder Gewürzmischungen getaucht und gegessen. Passend zu den heißen Temperaturen, die im April und im Mai in Asien herrschen, sind grüne Mangos eine willkommen Erfrischung – in etwa so, wie wir im Sommer einen Granny Smith Apfel essen, an dessen Aroma die grüne Mango erinnert.

Rezept für 4 Personen

Süßer Baumkuchen:

250 g Butter

90 g Zucker

10 g Salz

1 TL Vanillezucker

125 g Marzipan

12 Eigelb

12 Eiweiß

100 g Zucker

15 g Salz

125 g Mehl

125 g Stärke

Mangogelee:

300 ml weißer Portwein

140 g Mangomark

4 1/2 Blatt Gelatine, eingeweicht

Gänsestopfleber:

200 ml heller Portwein

200 ml flüssige Sahne

400 g Gänsestopfleber

2 1/2 Blatt Gelatine, eingeweicht

2 g Pökelsalz

Gänsestopfleber einsetzen:

Baumkuchen aufgeschnitten

auf der Aufschnittmaschine

Stärke 1,5

3 EL dunkler Nougat

Gänsestopflebermousse

je 2 Platten von 13 cm ×

25 cm × 0,7 cm

2 Thai-Mango-Würfel von

0,4 cm

Mangosalsa:

1 Stück Thai-Mango

10 ml Yuzu-Saft

1/2 rote Chilischote

Strudelteigrollen:

Strudelteig

Butter

GÄNSESTOPFLEBER-MOUSSE, THAI-MANGO, BAUMKUCHEN, NOUGAT

MICHAEL KREILING

136 / 137

Für den Baumkuchen Butter, Zucker, Salz, Vanillezucker schaumig schlagen. Marzipan und Eigelb mixen und vorsichtig unter die Buttermischung geben. Eiweiß, Zucker und Salz steif schlagen. Dann Mehl und Stärke mischen. Nun immer behutsam nach und nach Mehl, Stärke und Eiweiß unter die Buttermischung heben. Dann den Teig mit einer Kelle in mehreren Durchgängen sehr dünn auf ein tiefes Backblech geben, mit einer Palette glatt streichen und mit Oberhitze (Salamander) backen. Jede Schicht nach und nach backen, damit das Baumkuchenmuster entsteht. Vorsicht, nicht so dunkel und nicht zu hell backen!

Für das Gelee Portwein und Mangomark aufkochen und die eingeweichte Gelatine darin auflösen.

Für die Leber den Portwein in einem Topf auf ein Minimum einkochen. Die Sahne hinzufügen und nochmals aufkochen. Dann die Gänsestopfleber und die eingeweichte Gelatine beigeben und die Masse pürieren. Mit Salz, Zucker, Pökelsalz und Pfeffer aus der Mühle abschmecken und durch ein feines Haarsieb passieren.

Einen rechteckigen Rahmen mit dem aufgeschnittenen Baumkuchen auslegen. Nun die Baumkuchenschicht mit Nougat dünn bestreichen. Darauf die erste Schicht Gänsestopflebermousse gießen. Dann warten, bis die Gänsestopflebermousse fest geworden ist. Jetzt die Thai-Mangowürfel mit der Hälfte des Mangogelees mischen und als nächste Schicht auf der Gänsestopflebermousse verteilen. Erneut kalt stellen, bis es fest geworden ist. Als letzte Schicht das restliche Mangogelee auf der Gänsestopflebermousse verteilen. 1 Tage stehen lassen, bevor dann die Balken geschnitten werden können.

Für die Salsa die Thai-Mango schälen, entkernen und feine Würfel schneiden. Das restliche Fruchtfleisch vom Kern lösen und mit dem Yuzu-Saft zusammen mixen. Die Chilischote in sehr feine Würfel schneiden und nun mit den ersteren Zutaten mischen.

Für die Strudelteigrollen den Strudelteig in Streifen von 5 cm × 5 cm schneiden, mit flüssiger Butter bestreichen und auf einen Metallstab aufrollen. Diese dann zwischen 5–8 Minuten backen. Zum Anrichten eine Scheibe von dem Gänsestopfleber-Baumkuchen mittig auf einen Teller platzieren, die Mangosalsa dazugeben und die Strudelteigrollen darauf drapieren.

Manila-Mango

(lat. Mangifera indica)

Ursprung: Philippinen

Beschreibung: Diese länglich geformte Mango besitzt ein sehr eigenes Zitronen-Schokoladen-Aroma. Die Frucht ist sehr saftig und schmeckt sogar überreif noch hervorragend.

Kulinarisches: Diese Sorte eignet sich besonders für Desserts und Süßspeisen. Aufgrund ihres angenehmen und besonderen Aromas wird sie allerdings gewöhnlich solo gegessen.

MANILA-MANGO

Rezept für 6 Personen

780 g Hirame (japanische oder pazifische Flunder, verwandt mit dem Heilbutt)
420 g Mango
420 g Tomaten

Marinade:
150 g Joghurt
80 g Koriander
60 g Ingwer
10 g Knoblauch
10 g Chilischoten
10 g Himalaya-Salz

Molke-Kefir-Sud:
50 g Ingwer
200 g Schalotten
10 g kleine Thai-Chilis
10 ml Pflanzenöl
10 g Chilimarmelade
2 Limonenblätter
50 g Zitronengras
2 g Zitronenthymian
200 ml Sake
200 ml Fischstock (Brühe von Garnelenschalen oder Fischgräten z. B. vom Steinbutt)
200 ml Molke
250 ml Kefir
100 ml Sahne

Mango-Chili-Dressing:
100 g Schalotten
40 g Ingwer
10 g Knoblauch
10 ml Pflanzenöl
60 g Shakkar (Rohrzucker)
50 ml Zitronen-Sojasauce
100 ml Mirin (Reis-Kochwein)
100 ml Pflaumenwein
100 ml Chili-Chicken-Sauce
300 ml Mangonektar
150 ml Balsamico Bianco
150 g Naturjoghurt

Für die Marinade den Joghurt in einem Tuch für ca. 24 Stunden über einer Schüssel abhängen, damit dem Joghurt die Molke entzogen wird. Den abgetropften Joghurt mit den restlichen Zutaten vermengen, abschmecken und den Hirame darin ca. 4 Stunden marinieren.
Für den Sud Ingwer, Schalotten und Thai-Chilis putzen und in feine Würfel schneiden. Das Öl erhitzen und Ingwer, Schalotten und Thai-Chilis darin glasieren lassen. Die Chilimarmelade, Limonenblätter, Zitronengras und Zitronenthymian zugeben, mit Sake ablöschen. Den Fischstock dazugeben und auf kleiner Flamme um die Hälfte einkochen. Mit Molke, Kefir und Sahne auffüllen und für weitere 10 Minuten bei geringer Hitze köcheln lassen.
Für das Dressing Schalotten und Ingwer schälen und in feine Würfel schneiden. Knoblauch schälen und fein pürieren. Pflanzenöl in einem Topf erhitzen und Schalotten, Ingwer und Knoblauch mit Zucker anschwitzen. Mit Zitronen-Sojasauce, Mirin, Pflaumenwein, Chili-Chicken-Sauce, Mangonektar und Balsamico ablöschen und ca. 5 Minuten auf kleiner Flamme köcheln lassen. Pürieren und passieren. Zum Schluss den Naturjoghurt unterrühren.
Die Mangos schälen und in feine Streifen schneiden. Die Tomaten in Salzwasser blanchieren, in Eiswasser abschrecken, schälen, vierteln, entkernen und in feine Streifen schneiden. Die Mango- und Tomatenstreifen vorsichtig vermengen und das Dressing darübergeben. Etwa 2 Stunden ziehen lassen. Danach auf ein Sieb geben und gut abtropfen lassen, bevor der Salat angerichtet wird.
Den Hirame aus der Marinade nehmen, abtropfen lassen und grillen. Auf dem Molke-Kefir-Sud mit dem Mango-Tomaten-Salat anrichten.

MARINIERTER KORIANDER-HIRAME SERVIERT AUF EINEM MANGO-CHILI-SPAGHETTI-SALAT AN MOLKE-KEFIR-SUD

OLAF NIEMEIER

Cherimoya

(lat. Annona cherimola)

Ursprung: Die Cherimoya oder „kalte Frucht" gehört zur Familie der Annonen (Schuppenapfelgewächse). Sie stammt ursprünglich aus Südamerika und Spanien, wird heute aber weltweit in allen Regionen mit subtropischem Klima angebaut.

Beschreibung: Die Frucht der Cherimoya ist herzförmig, in etwa so groß wie ein Apfel und hat eine dünne, glatte Schale. Teilweise mutet die Schale an, als wäre sie von innen ausgebeult worden, häufig hat sie facettenartige Abplattungen, die ihr ein Aussehen verleihen, als sei sie geschuppt. Da die Früchte leider sehr druckempfindlich sind, werden nur geringe Mengen exportiert. Bei uns kann man überwiegend unreife Früchte kaufen, die in Papier eingeschlagen gut nachreifen. Eine Cherimoya ist reif, wenn die Schale auf Druck nachgibt und sich leicht schwärzlich verfärbt. Im Inneren verbirgt sich ein sehr zartes, weiches, cremiges Fruchtfleisch, das intensiv süß schmeckt und dunkle Kerne enthält.

Kulinarisches: Befreit man das Fruchtfleisch von den Samen, kann man die Cherimoya pur oder mit etwas Zitronensaft aus der Schale löffeln. Geschmacklich erinnert die Frucht an Erdbeere, Mango und Birne. Sie ist reich an Traubenzucker, Phosphor, Calcium und Vitamin C und damit eine echte Bereicherung.

CHERIMOYA

Kaki
(lat. Diospyros kaki)

Ursprung: Die aus Japan stammende Kaki, auch Honigapfel, Persimone oder Sharonfrucht genannt, hat in den vergangenen Jahren einen weltweiten Siegeszug angetreten.

Beschreibung: Die intensiv orangefarbene Frucht des Kakibaums, die nach der Ernte nachreift und deren Fruchtfleisch sehr süß schmeckt, ähnelt einem Apfel. Die Frucht mit der glatten Schale wird bis zu 500 g schwer. An der Oberseite trägt sie vier Kelchblätter, die sich um den Stiel reihen. Das Fruchtfleisch ist durchscheinend hell. Ähnlich wie auch bei einer Kiwi gilt: je reifer die Frucht, desto aromatischer und weicher.

Kulinarisches: Der hohe Tanningehalt der Frucht sorgt für eine herbe Komponente, die mit zunehmendem Reifegrad geringer wird, der Geschmack der Kaki wird insgesamt intensiver, er erinnert an Birne und Aprikose. Der hohe Gehalt an Beta-Carotin (Provitamin A) und an Vitamin C macht sie zu einer sehr gesunden und wertvollen Frucht, die als Bestandteil einer ausgewogenen Ernährung sehr empfehlenswert ist. Die Kaki-Frucht ist dank verbesserter Anbaubedingungen das ganze Jahr über verfügbar.

KAKI

Rezept für 4 Personen

4 Rothirsch-T-Racks (vergleichbar mit T-Bone Steak)
Orangenöl
Szechuanpfeffer

Passionsfrucht:
100 ml Passionsfruchtsaft
40 ml Mangosaft
1 Tropfen Orangenblütenessenz
Pfeilwurzelstärke

Petersiliensaft:
Saft von 200 g Petersilie
50 ml Rose's Lime Juice
Maizena
1 TL Jalapeno-Schoten, püriert
Salz

Sandelholzjus:
100 ml Kalbsjus
1 Tropfen Sandelholzessenz
Muskatblüte
Parilla-Chilipulver

2 Kaki, in Rechtecke geschnitten
1 EL Orangenzesten, in Sirup eingelegt

Die T-Racks mit Orangenöl bestreichen, mit Szechuanpfeffer würzen und vakuumieren. Mindestens 24 Stunden ruhen lassen. Im Wasserbad bei 69 °C 30 Minuten garen. Im Anschluss sehr scharf in der Pfanne anbraten. 4 Minuten ruhen lassen und tranchieren. Passionsfruchtsaft, Mangosaft und Orangenblütenessenz aufkochen, mit Pfeilwurzelstärke zu einer breiigen Konsistenz binden. Kalt stellen und in eine Spritzflasche füllen. Zum Servieren auf die Kaki dressieren. Petersiliensaft mit Lime Juice aufkochen und mit Maizena binden, mit den Jalapenos und Salz abschmecken. Kalbsjus und Sandelholzessenz aufkochen, mit Muskatblüte und Parilla-Chilipulver abschmecken. Mit dem Petersiliensaft einen Spiegel gießen, das T-Rack daraufsetzen und die Jus angießen. Die Kaki dazusetzen.

ROTHIRSCH-T-RACK, SANDELHOLZJUS & KAKI MIT PASSIONSFRUCHT UND ORANGENSCHALE

TIM RAUE

Murahata-Melone

(lat. Cucumis melo)

Ursprung: Vorder- und Mittelasien

Beschreibung: Die Murahata-Melone ist eine Zuchtform der Zuckermelone. Sie gehört zur Gattung der Gurken und ist daher mit diesen näher verwandt als mit der Wassermelone. Die Murahata-Melone besitzt eine netzartig-wulstige Oberfläche. Das dicke grünliche Fruchtfleisch besitzt eine ausgeprägte Süße.

Kulinarisches: Murahata-Melonen eignen sich auf Grund ihrer Süße überwiegend als Dessertmelonen.

MURAHATA-MELONE

BITTERMELONE

Bittermelone
(lat. Momordica charantia)
Ursprung: Besonders in Asien sind die Gemüsefrüchte der Bittermelone seit Jahrhunderten ein beliebtes Lebens- und Heilmittel. Hauptanbaugebiete der Bittermelone sind Afrika, Asien, Südamerika und die Karibik.

Beschreibung: Die Bittermelone, auch bekannt als Bittergurke, Balsambirne oder Bittere Spring-Gurke, ist eher ein Gemüse als eine Frucht. Bei der tropischen Pflanzenart aus der Familie der Kürbisgewächse handelt es sich um eine einjährige Ranke, die im Aussehen an Wein erinnert. Nach einem üppigen Blütenstand mit kleinen gelben Blüten trägt die Pflanze eine 4 bis 5 cm lange Frucht, die im unreifen Zustand grün, im reifen Zustand orange-rot ist. Oftmals ist sie mit Rippen und Warzen überzogen und erinnert damit an eine Gemüsegurke. Die reife Frucht öffnet sich mit drei Klappen und besitzt eine ovale Form. Die Samen im Inneren der Frucht, die oval-elliptisch mit gerilltem Rand sind, liegen eingebettet in einem klebrig-roten Fruchtfleisch. Kulinarische Verwendung finden die Früchte nur im unreifen Zustand.

Kulinarisches: Die Bittermelone wird üblicherweise in Streifen geschnitten zubereitet und als Beilage zum Essen gereicht. Der Geschmack der Bittermelone ist pikant-bitter.

Rezept für 8 Personen

1 Murahata-Melone, ohne Schale und Kerne, in Stücke geschnitten und auf 14 °C temperiert

400 g Baisergrundmasse
2 Tropfen Orangenblütenessenz
1 EL Orangenpaste von Orangenschalen

200 g griechischer Joghurt
200 g Vanilleeisgrundmasse
100 g Calissonpaste
8 EL Himbeersauce
8 EL Pistazienöl

8 Spitzen Eisenkraut

Die Baisergrundmasse mit Orangenblütenessenz und Orangenpaste verrühren, zu fingergroßen Baisers dressieren und über Nacht bei 60 °C trocknen.
Joghurt, Vanilleeis und Calissonpaste in einen Pacojetbehälter geben und gefrieren. Auffräsen und mindestens eine Stunde erneut frieren, bevor es serviert werden kann.
Zum Anrichten je einen Esslöffel Himbeersauce und Pistazienöl als Spiegel auf den Teller geben, die temperierten Melonenstücke daraufsetzen. Die Baisers und das Eis anrichten, mit dem Eisenkraut dekorieren.

MURAHATA-MELONE MIT ORANGEN-BLÜTENBAISER, CALISSONEIS MIT HIMBEERSAUCE UND PISTAZIENÖL

TIM RAUE

BANANENBLÜTE

Bananenblüte

(lat. Musa spp.)

Ursprung: Südostasien

Beschreibung: Die purpurfarbene Bananenblüte wird in ganz Südostasien als Gemüse genutzt. Die männlichen Blüten haben eine konische Form und entfalten sich an der Spitze des Blütensprosses der Bananenstaude. Die äußeren Blätter der Blüte sind nicht zum Verzehr geeignet. Sie werden vor der Zubereitung abgelöst. Roh haben die Blüten ein dezentes Bananenaroma, gegart erinnern sie geschmacklich eher an Artischocken.

Kulinarisches: In Thailand werden die rohen Blüten scheibchenweise, wie eine Artischocke, mit einem scharfen Dip namens Nam Prik gegessen. Aber auch zu gebratenen Nudeln, gekocht in einer Suppe mit Geflügel, Ingwer und Kokosmilch oder an einem Salat wird die Bananenblüte gerne verwendet.

Bananenblätter

(lat. Musa spp.)

Ursprung: Südostasien

Beschreibung: Die 50 cm bis 150 cm langen Blätter der Bananenpalme sind immer häufiger in Asiamärkten oder gut sortierten Lebensmittelgeschäften erhältlich, meist in Päckchen mit mehreren getrockneten Blättern verpackt.

Kulinarisches: Zur Zubereitung asiatischer Speisen sind Bananenblätter sehr dekorativ und bestens geeignet. Vorbereitend sollte man das Bananenblatt auf der Arbeitsfläche ausbreiten und mit einem feuchten Tuch abwischen und säubern. Auf dem gereinigten Bananenblatt lässt sich roher Fisch oder rohes Fleisch hervorragend platzieren. Anschließend wickelt man das Gargut dann in das Blatt ein und fixiert es mit Zahnstochern aus Holz oder einem breiten Blattstreifen. So verschlossen kann das Päckchen nun entweder im Ofen oder im Wasserbad gegart werden. Besonders Fisch kann so schonend zubereitet werden, er bleibt saftig und aromatisch. Beim Servieren ist der Überraschungseffekt garantiert!

Allerdings sind Bananenblätter nicht essbar. Neben der Verwendung zur Zubereitung von Speisen sind die großen Blätter der Bananenpalme auch eine schöne Tischdekoration.

BANANEN-BLÄTTER

Pandangblätter

(lat. Pandanus amaryllifolius)

Ursprung: Die immergrünen Pandane oder Schraubenbäume gehören zur Gattung der Schraubenbaumgewächse. Sie stammen aus Polynesien, Asien, Afrika und Australien und werden in der Natur bis zu 8 Metern hoch.

Beschreibung: Die Pandane steht auf einem starken und stacheligen aufrechten Stamm, der sich mit zunehmendem Alter stark verzweigt. Die Besonderheit der Pandane sind ihre langen, schwertförmigen Blätter, die in der Mitte von Dornen besetzt sind und spiralförmig angeordnet um den Stamm wachsen. Die Blätter können eine Länge von bis zu 2 Meter erreichen. Ähnlich wie bei einer Orchidee bildet der Schraubenbaum zahlreiche starke Luftwurzeln aus, diese wachsen am gesamten Stamm entlang.

Kulinarisches: Die orangenförmigen Früchte der Pandane sind essbar und gelten auf mehreren Inselgruppen Asiens als Volksnahrungsmittel. Die Blätter des Pandanus amaryllifolius werden als Gewürz verwendet. Dazu werden die Blätter wie bei den Bananenblättern mit den Speisen mitgegart und wieder entfernt, bevor das Essen serviert wird.

PANDANG-BLÄTTER

„KARMA"-ORCHIDEE

Essbare „Karma"-Orchidee

Nicht zu verwechseln mit Orchideen aus der floralen Industrie!

Die „Karma"-Orchidee gehört zu den schönsten und dekorativsten Blüten, und sie ist essbar. Zum Aperitif, zu Salaten oder Desserts, eine wunderschöne Dekoration, die übrigens unter kühlen Bedingungen bis zu 14 Tage haltbar ist.

Pennywort

(lat. Centella asiatica Linn.)

Ursprung: Asien

Beschreibung: Pennywort ist eine kriechende Sumpfpflanze mit kleinen, nierenförmigen Blättern. In Thailand wird die Pflanze Bai Bua Bok genannt und ist vor allem für ihre heilende Wirkung bekannt. Sie wird auch Tigergras genannt, da sich angeblich auch der Königstiger bei Verletzungen auf den Pflanzen wälzt und von ihnen frisst.

Kulinarisches: Eine Bedeutung hat Pennywort hauptsächlich in der ayurvedischen Küche. So wird aus ihr eine Suppe gekocht, die geschmacklich an Spinat erinnert. Des Weiteren werden die Blätter zusammen mit Reis als Stärkungsmittel oder roh als Salat verzehrt. In Thailand werden aus den Blättern erfrischende Getränke zubereitet.

PENNYWORT

Shiso-Blätter

(lat. Perilla frutescens)

Den in Japan „Oba" genannten Blättern wird dort eine stimulierende und leicht desinfizierende Wirkung zugeschrieben. Die Blätter haben einen interessanten, unaufdringlichen Geschmack und eignen sich für Suhsi, Salate und auch zum Frittieren, entweder pur oder in Tempurateig.

Die rote Variante war lange Zeit nicht zu bekommen, weil sie in Asien nur mit erheblichem Einsatz von Pestidziden angebaut werden konnte. Die Farben bieten außergewöhnliche Dekorationsmöglichkeiten.

SHISO-BLÄTTER

Roter Senf / Red Giant

(lat. Brassica juncea var. rugosa)

Ursprung: China

Der Red Giant aus der Familie der Kohlgewächse ist ein wichtiger Bestandteil der asiatischen Küche. Alle oberirdischen Pflanzenteile sind essbar. Die jungen Blätter des Senfkohls schmecken im ersten Moment etwas nach mildem Kohl (Chinakohl), dann kommt jedoch schlagartig ein schönes Senfaroma mit entsprechender Schärfe zum Vorschein. Sie können ideal zu Salaten oder auch als gedämpftes Gemüse zubereitet werden.

ROTER SENF

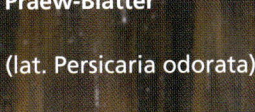

Praew-Blätter

(lat. Persicaria odorata)

Ursprung: Indochina

Beschreibung: Praew-Blätter nennt man auch „vietnamesischer Koriander", da die Blätter einen Geruch nach Koriander mit einer zusätzlichen zitronenartigen Note haben. Diese schmalen, spitz zulaufenden Blätter weisen oft eine charakteristische Musterung in der Mitte des Blattes auf.

Kulinarisches: Da in der vietnamesischen Küche bei Weitem nicht so stark gewürzt wird wie beispielsweise in der thailändischen, spielen hier die Kräuter eine wesentliche Rolle als Geschmacksträger. Sie verleihen der vietnamsischen Küche ihre spezielle Form. Auch in Malaysia und Singapur wird Praew typischerweise zum Würzen genutzt. Für das malaysische Nudelgericht „Laksa" ist der „vietnamesische Koriander" so wichtig, dass er auch „Laksa-Blatt" genannt wird.

Langer Koriander / Pak Chee Farang

(lat. Eryngium foetidum)

Langer Koriander, mexikanischer Koriander, Pak chee farang, Laos Koriander, Stinkdistel ... Dieses intensive Würzkraut hat viele Namen.

Ursprung: Der lange Koriander zählt zur Familie der Doldenblütengewächse (Apiaceae) und verdankt seinen Namen seinem intensiven Geruch und Aroma nach Koriander. Die Blätter werden als Gewürz verwendet. Heimisch wächst der lange Koriander auf den karibischen Inseln und in Mittelamerika, daher stammt auch sein Name „mexikanischer Koriander".

Beschreibung: Besonders in der karibischen Küche, der Küche Mittelamerikas und Südostasiens ist er ein beliebtes Würzkraut und wird vor dem Servieren über Suppen, Nudelgerichte und Currys gestreut. Er kann auch für thailändische Currypasten verwendet werden, wenn keine Korianderwurzeln zur Verfügung stehen. In Thailand trägt er wegen seiner Herkunft den Namen „Pak chee farang". Als Farang werden in Thailand westliche Ausländer bezeichnet. In Thailand, Malaysia und Singapur wird er gerne zusammen mit oder anstelle von Koriander überwiegend im rohen Zustand gebraucht.

Kulinarisches: Der Geschmack des langen Korianders ist ähnlich dem Blattkoriander, aber wesentlich intensiver. Ähnlich wie beim Koriander sind dafür die langkettigen Aldehyde verantwortlich. Wer Blattkoriander als unangenehmen, seifigen Geschmack empfindet, wird sich mit dem langen Koriander auch nicht anfreunden können. Wegen des gezackten Blattrandes nennt man das Würzkraut im Englischen „saw leaf herb" – Sägeblattkraut.

Sehr beliebt ist der lange Koriander auch in der vietnamesischen Küche, da Vietnamesen es lieben, Speisen in Blätter einzuwickeln. Allgemein eignen sich dafür die wohlduftenden Blätter vieler Kräuter, so auch die des überaus beliebten Korianders – die jedoch zu klein sind, um als Umschlag zu dienen. Dafür sind die Blätter des langen Koriander geradezu perfekt.

LANGER KORIANDER

HUNDERTACHTUNDFÜNFZIG / HUNDERTNEUNUNDFÜNFZIG

158 / 159

Cha Plu-Blätter

(lat. Piper sarmentosum)

Ursprung: Thailand

Beschreibung: Die Blätter des Cha Plu oder auch Thailändischen Pfeffers sind herzförmig und 10 bis 15 cm lang. Thailändischer Pfeffer ist verwandt mit dem Betelpfeffer, im Geschmack allerdings nicht so aggressiv scharf. Junge, unreife sowie leicht reife Blätter werden in den Küchen Südostasiens zahlreichen Gerichten als Gewürz beigegeben. Die rohen Blätter werden in Thailand traditionell mit verschiedenen Zutaten gefüllt und aus der Hand gegessen.

Kulinarisches: Die scharfen Blätter sind als Gewürz für Gemüsesuppen sehr beliebt. Auch zum Dampfgaren bieten sich die Blätter an. Anders als Bananenblätter kann man Cha Plu-Blätter nach dem Garen mitessen. Gefüllt mit Nüssen oder Meeresfrüchten sind sie ein außergewöhnlicher Snack.

CHA PLU-BLÄTTER

Reisfeldpflanze

oder Phak Kayang (lat. Limnophila aromatica) Ursprung: Südostasien und pazifischer Raum, in Vietnam als Wasserpflanze auf Reisfeldern kultiviert, in der westlichen Welt vor allem als Aquariumspflanze beliebt.

Beschreibung: In der Botanik herrschen unterschiedliche Meinungen zur Einordnung der Reisfeldpflanze vor. Am häufigsten sind die Zurechnungen zu den Rachenblütlern (Scrophulariaceae) oder den Wegerichgewächsen (Plantaginaceae). Die Pflanze benötigt hohe Temperaturen und Luftfeuchtigkeit, weshalb sie außerhalb der Tropen schwierig anzubauen ist. Die Zweige der Reisfeldpflanze sind hell, fleischig und von feinen Flaumhärchen bedeckt. Die Blätter sind kräftig grün und an ihren Kanten leicht gezackt.

Kulinarisches: Verwendet werden in Asien die frischen Blätter der Pflanze in Fischgerichten, gehaltvollen Suppen, Fisch- oder Hähnchencurrys, besonders in Vietnam. Der Geschmack des Krauts erinnert leicht an Zitrone, der von den enthaltenen Zitrus-Terpenen und von den Perillaldehyd herrührt. Die Reisfeldpflanze schmeckt leicht prickelnd und nur leicht scharf. Sie wird oft gemeinsam mit Zitronengras und Chili verwendet, was das Aroma des Krauts unterstützt. Bei Unverträglichkeiten kann der Geschmack auch als seifig empfunden werden. Als Ersatz können Zitronenbasilikum und Koriander verwendet werden.

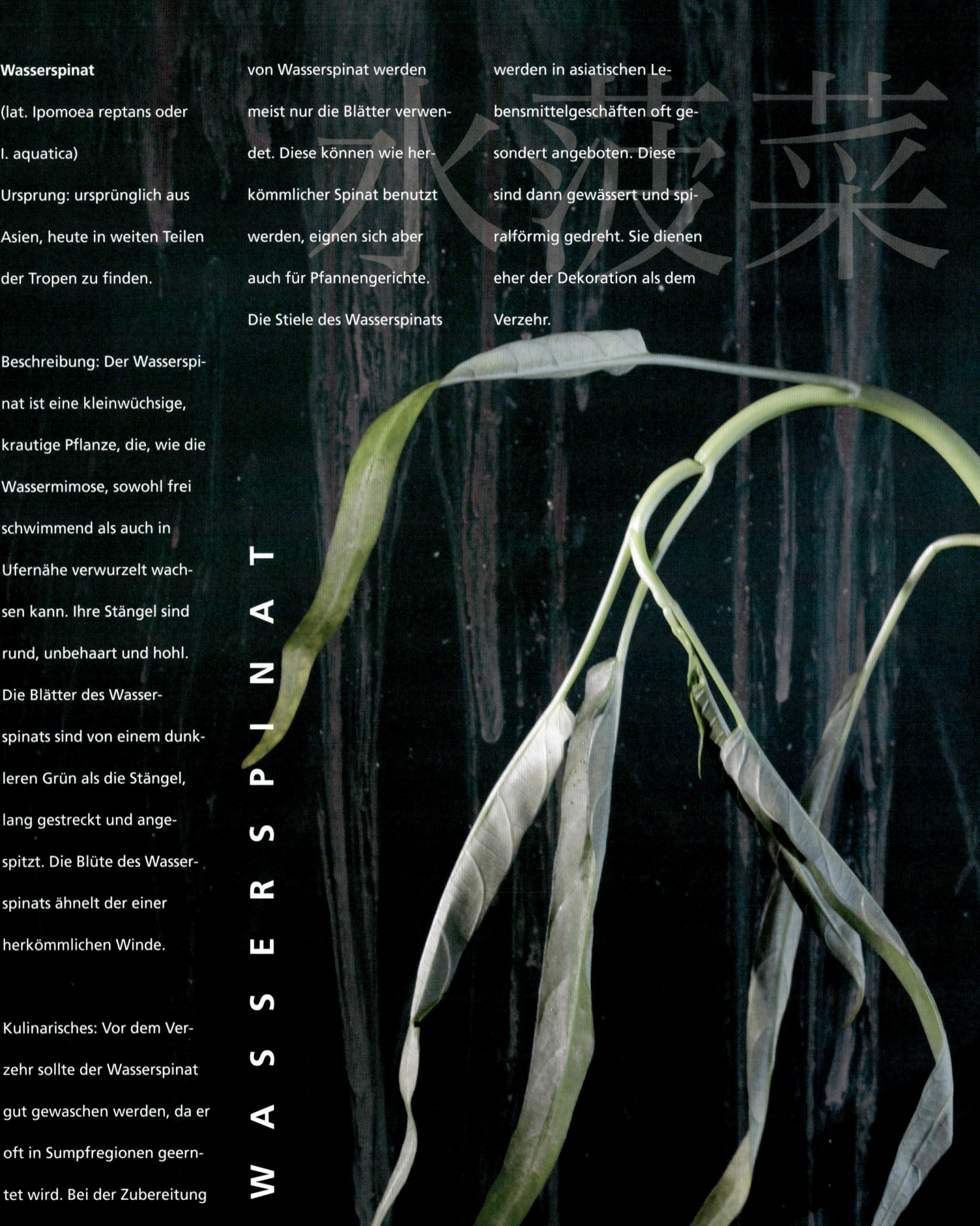

Wasserspinat

(lat. Ipomoea reptans oder I. aquatica)

Ursprung: ursprünglich aus Asien, heute in weiten Teilen der Tropen zu finden.

Beschreibung: Der Wasserspinat ist eine kleinwüchsige, krautige Pflanze, die, wie die Wassermimose, sowohl frei schwimmend als auch in Ufernähe verwurzelt wachsen kann. Ihre Stängel sind rund, unbehaart und hohl. Die Blätter des Wasserspinats sind von einem dunkleren Grün als die Stängel, lang gestreckt und angespitzt. Die Blüte des Wasserspinats ähnelt der einer herkömmlichen Winde.

Kulinarisches: Vor dem Verzehr sollte der Wasserspinat gut gewaschen werden, da er oft in Sumpfregionen geerntet wird. Bei der Zubereitung von Wasserspinat werden meist nur die Blätter verwendet. Diese können wie herkömmlicher Spinat benutzt werden, eignen sich aber auch für Pfannengerichte. Die Stiele des Wasserspinats werden in asiatischen Lebensmittelgeschäften oft gesondert angeboten. Diese sind dann gewässert und spiralförmig gedreht. Sie dienen eher der Dekoration als dem Verzehr.

Wassermimose

(lat. Neptunia oleracea)
Ursprung: Süd- und Mittelamerika, Afrika, Asien

Beschreibung: Wie der Name schon sagt, ist die Wassermimose eine Wasserpflanze. Sie kann frei schwimmend oder in Ufernähe leben. Optisch ähnelt sie einem fiedrigen Kraut. Die Anzahl der Pflanzenstängel variiert, jeder Stängel trägt allerdings mehrere Ästchen, die mit einer Vielzahl von Fiederblättchen bestückt sind. Weder Blüte, Hülsenfrüchte noch Wurzeln der Wassermimose sind kulinarisch von Bedeutung.

Kulinarisches: In der asiatischen Küche wird die Wassermimose gekocht als Gemüse oder als Suppeneinlage zubereitet. Aufgrund ihres Lebensraumes im Wasser sind die Stängel der Wassermimose mit schwammartigen, weißen Schwimmkörpern umhüllt, die vor der Zubereitung entfernt werden. In der vietnamesischen Küche werden sowohl die Stängel als auch die Blätter der Wassermimose für die Zubereitung von Suppen verwendet. In Thailand ist die Wassermimose oft als Rohgemüse oder auch in Pfannengerichten zu finden.

WASSERMIMOSE

Rezept für 4 Personen

100 g Sushi-Reis

Mirin

Reisessig

Salz und Pfeffer

8 küchenfertige Langustinen, ausgebrochen und geputzt

2 EL Limonenmarinade

200 g Meeresböhnchen

30 g Butter

Mehl

herkömmlicher Tempurateig

250 ml Krustentieressenz

4 Limonenblätter

2 dünne Scheiben frischer Ingwer

2 Stangen Zitronengras

150 ml Ponzu

1 TL Lecite

1 EL fein geschnittener Schnittlauch

ca. 100 g Saiblingskaviar

1 Päckchen Enoki-Pilze

Den Sushi-Reis nach Anleitung garen und mit etwas Mirin, Reisessig, Salz und Pfeffer abschmecken. Den Reis auf einer breiten Fläche leicht abkühlen lassen, damit er nicht übergart. Wenn der Reis nur noch lauwarm ist, acht Kugeln (1,5–2 cm) formen, um später die Langustinen damit zu füllen.

Die Langustinen mit der Bauchseite nach oben auf ein Brett legen und mit einem scharfen Messer entlang der Mitte einschneiden, ohne die äußere Haut zu verletzen. Die Langustinen vorsichtig aufklappen, mit Salz und Pfeffer würzen und mit etwas Limonenmarinade beträufeln. Jetzt die Langustinen auf ein Folienviereck legen, ein Reisbällchen darauflegen und mit Hilfe der Folie zu einer Kugel eindrehen. Danach die Folie entfernen, alle Kugeln auf einen Teller legen und mit etwas Limonenmarinade, Salz und Pfeffer würzen. Das Ganze bei Zimmertemperatur stehen lassen.

Von den Meeresböhnchen nur die feinen zarten Spitzen abnehmen und kalt abwaschen. Dann mit einem Tuch gut trockentupfen. Eine Hälfte in eine Pfanne mit etwas aufgeschäumter Butter geben und kurz angaren lassen, dabei mit Salz und Pfeffer würzen. Wenn sie anfangen, weich zu werden, auf ein Küchentuch geben und abtropfen lassen. Die andere Hälfte wird nur leicht in Mehl gewendet und mit einem herkömmlichen Tempurateig knusprig in der 180 °C heißen Fritteuse ausgebacken. Wenn die Böhnchen knusprig sind, auf einem Küchentuch abtropfen lassen und salzen.

LANGUSTINENSUSHI MIT PONZU UND PARFÜMIERTEM LANGUSTINENTEE

CHRISTIAN BAU

Für die exotische Essenz die Krustentieressenz einmal aufkochen, dann in die heiße Brühe die Limonenblätter, den Ingwer und etwas klein geschnittenes Zitronengras geben. Das Ganze ca. 20 Minuten ziehen lassen und dann durch ein feines Sieb passieren.

Ponzu besteht zu einem Viertel aus dem Saft von Zitrusfrüchten (Orange, Zitrone, Limone), zu zwei Vierteln aus Sojasauce und zu einem Viertel aus Reisessig. Wir benötigen in diesem Fall ca. 150 ml der Mischung. Die fertige Mischung auf 80 °C erwärmen und Lecite hinzugeben. Die warme Flüssigkeit mit einem Zauberstab so lange mixen, bis ein fester Schaum entsteht.

Auf einem großen runden Teller mit Hilfe eines Ringes zwei gegenüberliegende Kreise aus Meeresböhnchen anrichten, die etwas größer sind als die Langustinenbällchen. Die Langustinenbällchen mit Schnittlauch bestreuen, etwas Kaviar daraufgeben und mit einem Enoki-Pilz garnieren. Die Bällchen dann in die Kreise auf den Teller setzen. Jetzt an jede Sushikugel etwas von unserem Ponzuschaum geben und das Ganze gefällig mit ein paar Tempuras garnieren. Die Essenz reichen wir in einem kleinen Tässchen à bar.

香茅 ZITRONENGRAS

Zitronengras

(lat. Cymbopogon citratus)

Ursprung: Süd- und Südostasien

Beschreibung: Zitronengras ist wohl eines der beliebtesten Kräuter der südostasiatischen Küche. Es verleiht den Gerichten einen exotischen Geschmack und einen frischen zitronenartigen Duft mit einem Hauch von Rosen. Die Gattung besitzt etwa 55 Arten, wobei das sogenannte „Westindische Zitronengras" zumeist zum Würzen genutzt wird. Vor allem der saftige Stiel und die Basis der schilfartigen Blätter werden in der Küche verwendet. Die Blätter werden in Thailand als Aufguss für durstlöschende Tees genutzt.

Kulinarisches: Oft ist im Handel bloß getrocknetes oder gemahlenes Zitronengras erhältlich. Dieses weist allerdings nur noch ein schwaches Aroma auf. Zitronengras harmoniert besonders gut mit Geflügel, Fisch und Meeresfrüchten. Aber auch in thailändischen Currypasten (s.a. Chili) ist Zitronengras ein wesentlicher Bestandteil.

THAI-SCHNITTLAUCH

Thai-Schnittlauch

(lat. Allium tuberosum)

Ursprung: Zentralasien

Beschreibung: Der Thai-Schnittlauch, oft auch „Chinesischer Schnittlauch" genannt, wird vor allem in der ostasiatischen Küche verwendet. Die breiten, grünen, hohen Stängel ähneln geschmacklich eher dem Knoblauch als dem Schnittlauch.

Vor allem die noch geschlossenen Blütenknospen mit ihrem Honigaroma gelten in Asien als Delikatesse.

Kulinarisches: Thai-Schnittlauch wird ähnlich wie Schnittlauch oder Bärlauch verwendet. Er passt gut zu Wok-Gerichten und Salaten. Im Wok behalten die Blüten, ähnlich wie Thai-Spargel, eine knackige Konsistenz.

Thai-Schnittlauch sollte bald verzehrt werden, da er sich nicht für eine längere Lagerung eignet. Allerdings lässt er sich durchaus einfrieren.

Aloe vera (lat. Aloe vera L.)

Ursprung: stammt ursprünglich vermutlich von den Kanarischen Inseln, mittlerweile auch in Europa, Afrika, Asien und Amerika kultiviert

Beschreibung: Aloepflanzen sind wie Kakteen Sukkulenten, das heißt, sie speichern Feuchtigkeit in dicken, fleischigen Blättern. Diese bilden sich kreisförmig sehr nah über dem Boden, direkt aus einem kurzen Stamm, haben daher keinen Stiel und bilden sich lanzettförmig aus. Am Rand der Blätter befinden sich Reihen kleiner, kurzer Stacheln. Im Blattinneren, unter einer dickeren, lederartigen Außenhaut, befindet sich ein dickes Speichergewebe, das Feuchtigkeit in Form einer leicht trüben Gallerte speichert. Dieses Gel enthält einen Wasseranteil von rund 95% und ihm werden positive Einflüsse auf Wundheilung und Immunsystem des Menschen nachgesagt.

Kulinarisches: Frischblätter der Aloe vera werden meist nur zu kosmetischen Zwecken verwendet, da die direkt unter der Außenhaut liegende Faserschicht der Pflanze den Bitterstoff Aloin enthält, der nur auf chemischem Wege ausgefiltert werden kann und den Verzehr recht unangenehm gestaltet. Das Blattmark der Aloe vera enthält unter anderem Aminosäuren, Vitamine, Mineralstoffe und Enzyme. Industriell hergestellte Gele sind zum Trinken bestimmt und werden in einem speziellen Verfahren hergestellt und haltbar gemacht. Ihnen wird eine stärkende Wirkung auf das Immunsystem nachgesagt. Die Gele werden in unterschiedlichen Geschmacksrichtungen oder ohne Aromastoffe angeboten.

Rezept für ca. 4 Personen

Aloe-vera-Ragout:

175 g Aloe vera, gewürfelt

35 g Zucker

10 ml Tequila

5 ml Limonensaft

geriebener Ingwer

Purpur-Süßkartoffel-Brûlée:

120 g Purpur-Süßkartoffel, gedämpft und passiert

70 ml Sahne

55 ml Milch

35 g Zucker

35 g Vollei

15 g Eigelb

Mangosorbet:

250 g Manila-Mangopüree

50 ml Passionsfruchtsaft

30 g Glukose

70 g Zucker

85 ml Wasser

Aloe-vera-Joghurtsorbet:

125 g Aloe-vera-Fruchtfleisch

100 g Zucker

20 ml Limonensaft

250 g Joghurt

100 g Glukose

15 g Glycerin

Muscovadozucker-Keks:

45 g Muscovadozucker

40 g Butter

20 g Eigelb

60 g Mehl

2 g Backpulver

10 g gehackte Kuvertüre, 75%

Manila-Mangospirale:

40 g Manila-Mangopüree

4 g Zucker

Für das Ragout alle Zutaten vermischen, mit Ingwer abschmecken und in einem Vakuumierbeutel zu 80% vakuumieren. 24 Stunden ziehen lassen.

Für die Brûlée Sahne, Milch und Zucker aufkochen, mit den restlichen Zutaten vermischen und passieren. Ein kleines quadratisches Blech mit Folie auslegen und die Masse einfüllen. Bei 160 °C, stille Hitze, im Wasserbad stocken lassen. Abkühlen lassen und in Rechtecke von ca. 3,5 cm × 8 cm schneiden.

Für das Mangosorbet Glukose, Zucker und Wasser erwärmen und mit den restlichen Zutaten vermixen. Entweder in der Eismaschine oder im Pacojet verarbeiten.

Für das Joghurtsorbet Aloe vera mit Zucker und Limonensaft vermischen. Joghurt mit Glukose und Glycerin auf 60 °C erwärmen. Beide Massen gut vermischen und in der Eismaschine oder im Pacojet verarbeiten. Mit dem Manila-Mangosorbet in einen Behälter schichten.

Für den Keks Zucker und Butter glatt verarbeiten, Eigelb beigeben und vermischen. Die restlichen Zutaten unterarbeiten, bis ein glatter Teig entsteht. Den Teig zwischen zwei Backpapieren 2 mm dick ausrollen. Kalt stellen. Dann auf einer Seite das Papier abziehen und den Teig bei 170 °C ca. 9 Minuten backen. Das noch warme Gebäck in Rechtecke von 8 cm × 4 cm schneiden.

Für die Mangospirale Mango und Zucker vermixen und mittels einer Hippenschablone auf eine Silpatmatte aufstreichen (am besten als Streifen). Das Püree bei 80 °C trocknen lassen, in noch warmem Zustand zu Spiralen aufdrehen.

Zum Anrichten das Ragout als Streifen auf Teller streichen, einen Teil des Fonds in eine Pipette füllen. Den Brûlée-Riegel auf einem Keks vor dem Ragout platzieren. Daneben eine Nocke vom marmoriertem Eis anrichten und alles mit der Mangospirale dekorieren.

ALOE VERA, PURPUR-SÜSS-KARTOFFEL, MANILA-MANGO

MATTHIAS LUDWIGS

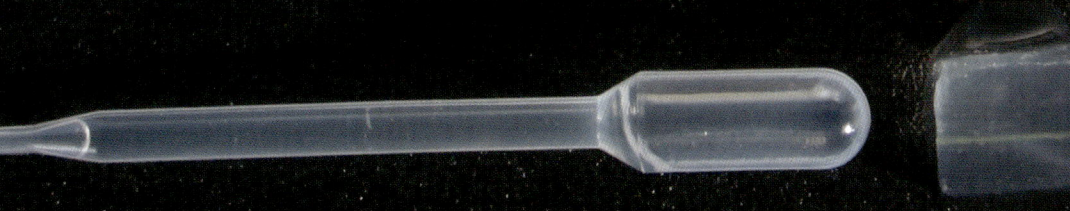

Chili

(lat. Capsicum frutescens)

Ursprung: Südostasien

Beschreibung: Insgesamt gibt es 31 bekannte Arten der Chili bzw. Paprika mit mehreren Unterarten. Die hier beschriebene ist die sogenannte „Bird-Eye-Chili" oder auch „Thai Pepper" genannt. Diese Chilibeere, botanisch falsch oft als Schote bezeichnet, ist vergleichsweise klein und schmal, besitzt aber eine außerordentliche Schärfe. Die Schärfe, die dem Inhaltsstoff Capsaicin zu verdanken ist, wird auf der Scoville-Skala mit 50.000 bis 100.000 gemessen.

Kulinarisches: Meist verleiht die Chili dem asiatischen Essen seine Schärfe. So sind die thailändischen Currypasten Mischungen aus Chilis mit anderen frischen Gewürzen wie Zitronengras, Galgant, Krachai und Kaffernlimettenblättern. Neben den zahlreichen Variationen von Pasten und Gewürzmischungen, die Chili enthalten, ist die Herstellung von Chiliöl in den asiatischen Ländern weit verbreitet. Dazu legt man grob zerstoßene Chilis in warmem Öl ein und lässt sie wochenlang ziehen. Dieses Chiliöl dient primär als Tischgewürz.

Rezept für 6 Personen

300 g Garnelen
180 g Hummer
480 g Seeteufelfilets
300 g Jakobsmuscheln
60 ml Limettensaft
40 g Ingwerpüree
15 g Knoblauchpüree
30 g Himalaya-Salz
60 ml Pflanzenöl

Sauce:
50 g Tamarinde
40 g Ghee (geklärte Butter)
300 g Schalotten, gewürfelt
10 g Knoblauch, gewürfelt
60 g Ingwer, gewürfelt
20 g grüner Chili, gewürfelt
10 g Jeera (Kreuzkümmel)
15 g Himalaya-Salz
10 g indische grüne Pfefferkörner
10 g Korianderkörner, ganz
10 g Garam Masala
50 g Shakkar (Rohrzucker)
600 g Tomaten, gewaschen und gewürfelt
5 g Tumeric (Gelbwurzel)
15 ml Limettensaft
800 ml Kokosnussmilch
30 g Kokosnusschips

10 g frischer Koriander, gehackt

Reis:
840 g Basmati-Reis, gekocht
90 g Urid Dal (weiße Linsen)
180 ml Speiseöl
30 g Kolingi, schwarz (braune Senfsaat)
60 g Kabuli Channa (Kichererbsen)
30 g Curryblätter
12 g Tumeric (Gelbwurzel)
12 ml Zitronensaft
15 g Salz

Pak-Choi:
240 g Pak-Choi
50 g Ghee (geklärte Butter)
60 g Erdnüsse, gehackt
5 g Chilischoten, gewürfelt
15 g Ingwer, gewürfelt
100 ml Sojasauce

5 g Salz
3 g Pfeffer
120 ml Sake

FISCH-CURRY MIT CHILI UND CURRY-BLÄTTERN, SERVIERT AN MIT ZITRONEN-ZWIEBELSAMEN PARFÜMIERTEM REIS UND PAK-CHOI

OLAF NIEMEIER

Die Garnelen schälen und den Darm entfernen, den Hummer kochen und ausbrechen. Den Fisch und die Jakobsmuscheln in der Marinade aus Limettensaft, Pflanzenöl, Ingwer- und Knoblauchpüree sowie Salz ca. 30 Minuten ziehen lassen.
Für die Sauce die Tamarinde 30 Minuten in heißem Wasser einweichen, durch ein feines Sieb streichen und zur Seite stellen. In einen Topf etwas Ghee geben. Darin die Schalotten mit Knoblauch, Ingwer, Chili mit Jeera, Himalaya-Salz, Pfeffer- und Korianderkörnern und Garam Masala anschwitzen. Dann den Rohrzucker hinzufügen und leicht karamellisieren. Jetzt kommen die Tomatenwürfel hinzu und das Tumeric-Pulver. Mit Limettensaft ablöschen und das Tamarindenpüree dazugeben. Mit Kokosnussmilch auffüllen, die Kokosnusschips dazugeben und auf kleiner Flamme für ca. 15 Minuten köcheln lassen. Pürieren und durch ein feines Sieb streichen.

Den Fisch, Hummer, Muscheln und Garnelen in einer heißen Pfanne in Öl anbraten und mit der Sauce auffüllen. Auf kleiner Flamme garen lassen. Vor dem Servieren frisch gehackten Koriander dazugeben.

Den Reis unter kaltem laufenden Wasser waschen, danach ca. 25 Minuten einweichen. Wasser abgießen, auf einen Durchschlag geben. Weiße Linsen in Salzwasser garen, danach Flüssigkeit abgießen. Reis in kochendem Salzwasser für ca. 8–10 Minuten ohne Deckel garen, dann abgießen und beiseite stellen. Öl im Topf erhitzen, Senfsaat, Kichererbsen und die gekochten weißen Linsen sautieren, ohne dass die Zutaten Farbe bekommen. Die Curryblätter und den Tumeric hinzugeben, für 2–3 Minuten sautieren. Mit Zitronensaft ablöschen und den gekochtem Reis hinzugeben, durchschwenken, vom Herd nehmen und erkalten lassen.

Den Pak-Choi in etwas Ghee mit gehackten Erdnüssen, Chili, Ingwer und Sojasauce gar ziehen lassen.
Mit Salz, Pfeffer und Sake abschmecken.
Nach Belieben anrichten.

Pak-Choi

(lat. Brassica rapa chinensis)

Ursprung: Der Pak-Choi (auch Bok Choy, Pok Choy, Paksoi) ist in Ostasien beheimatet. Im deutschen Sprachgebraucht wird der Kohl auch als Senfkohl oder Blätterkohl bezeichnet. Für ein gutes und schnelles Wachstum benötigt der Pak-Choi die feuchte Wärme asiatischer Klimazonen, weswegen er im großen Stil in Asien angebaut wird.

Beschreibung: Die Pflanze mit den intensiv dunkelgrünen Blättern und den kräftigen, hellen Blattstielen ist ein naher Verwandter des Chinakohls und ähnelt dem Mangold. Besonders beliebt ist auch Baby Pak-Choi, der kleinere Köpfe entwickelt und insgesamt etwas zarter ist.

Kulinarisches: Pak-Choi ist sehr vielseitig. Mit seinem leicht bitteren Geschmack wird er als Gemüse und Salat zubereitet, er ersetzt in Gerichten auch gut Mangold oder Blattspinat, dem der Baby Pak-Choi von den Kocheigenschaften her sehr nahe kommt. Wie jedes Blattgemüse enthält auch der Pak-Choi viel Feuchtigkeit, deshalb sollte er möglichst frisch verarbeitet werden. Erstaunlich hoch ist die Konzentration von Kalium, Kalzium, Carotin, Vitamin C und einiger B-Vitamine, die der Pak-Choi neben antibiotisch und keimtötend wirkenden Senfölen enthält.

PAK-CHOI

Galadium

(lat. Colocasia esculenta)

Ursprung: Tropen und Subtropen

Beschreibung: Im Handel werden die Stängel der Tarowurzel oft unter dem Namen Galadium angeboten. In Japan wird dieses traditionelle Gemüse als Zuiki bezeichnet. Die Stiele sind grün und erinnern optisch an Rhabarber. Aufgeschnitten zeigt sich ein weißes, poröses Fruchtfleisch, dessen Gewebe große Mengen von Wasser speichern kann.

Kulinarisches: Galadium wird nicht roh, sondern immer nur in gegartem Zustand verzehrt. In Japan wird es sehr fein geschnitten, gekocht und danach meist in eine Essiglösung eingelegt. In Thailand findet man Galadium oft als Gemüseeinlage in Currys.

GALADIUM

Thai-Spargel

(lat. Asparagus officinalis)
Ursprung: Thailand, hauptsächlich aus dem Großraum Bangkok

Beschreibung: Wie alle anderen Spargelarten gehört auch der Thai-Spargel zu der botanischen Familie der Spargelgewächse (Asparagaceae), die wiederum zu den Liliengewächsen zählt. Die Pflanzen sind mehrjährig und wachsen in Strauchform mit dicht verzweigtem, fedrigem Blattwerk. Spargeltriebe entstehen aus einem unterirdischen Rhizom, von dem sie bei der Ernte getrennt werden. Die Wurzelknolle verbleibt im Boden und bildet neue Triebe aus. Wächst Spargel unterirdisch, bleibt er weiß, wie der europäische Gemüsespargel. Wächst der Trieb oberirdisch unter dem Einfluss von Sonnenlicht färbt er sich grün. Thai-Spargel wird in unterschiedlichen Größen im Handel angeboten, alle Sorten sind jedoch kleinwüchsiger als europäischer Spargel.

Kulinarisches: Geschmacklich gleicht der grüne, sehr kleine Thai-Spargel normalem grünen Spargel. Wie dieser besitzt er den Vorzug, dass er vor dem Garen nicht geschält werden muss. Allerdings sollten die Enden mit einem scharfen Messer abgeschnitten werden, da auch sie holzig sein können und es empfehlenswert ist, einen frischen Anschnitt zu schaffen. Wird der Thai-Spargel als Einzelgemüse zubereitet, ist es sinnvoll, das Gemüse in kochendem Wasser kurz zu blanchieren, abzuschrecken und bei Bedarf kurz und schonend zu erwärmen. In Thailand ist dieses Gemüse oft Bestandteil von Currys. Aufgrund seiner geringen Größe verkürzt sich die Garzeit des Thai-Spargels im Vergleich zu größeren Sorten erheblich.

THAI-SPARGEL

PAPAYA

Papaya

(lat. Carica papaya)

Ursprung: Tropen, ursprünglich wohl aus Süd- und Zentralamerika, heute auch in Asien weit verbreitet.

Beschreibung: Die Form der Papaya ähnelt einer großen, schlanken Birne. Es gibt sie in allen erdenklichen Größen, von faustgroß bis über 60 cm lang. In unreifem Zustand ist ihre Schale sattgrün und die Frucht hart. Je reifer die Papaya wird, desto mehr wechselt ihre Farbe ins Gelbliche und die Frucht lässt sich dann per Fingerdruck auf Reife hin testen. Im Inneren der Papaya verbirgt sich ein orange-rotes Fruchtfleisch, in dessen Mitte sich eine Vielzahl kleiner grau-schwarzer Kerne befindet. Die Kerne werden nicht mit verzehrt. Sie können leicht mit einem Löffel ausgekratzt werden. In

Asien werden die Kerne getrocknet und wie ein pfefferähnliches Gewürz verwendet. Die Schale der unreifen Frucht enthält das Enzym Papain, das als Zartmacher für Fleisch verwendet werden kann.

Kulinarisches: Die Papaya ist in Asien ein sehr beliebtes Nahrungsmittel. Sie wird reif und unreif, als Obst und als Gemüse gegessen. Neben den Früchten werden zum Beispiel in Thailand auch die Blüten und jungen Stängel der Papaya verzehrt. Als Frucht sollte die Papaya auf leichten Fingerdruck nachgeben. Dann ist sie reif und ihr Fruchtfleisch saftig und süß. Am besten schmeckt reife Papaya mit ein paar Spritzern frischen Zitronensaftes. In Thailand wird die unreife Frucht, die noch eine grüne Schale und weißes, hartes Fruchtfleisch besitzt, als Gemüse für Currys verwendet. Eines der Nationalgerichte ist ein meist extrem scharfer Salat von grüner Papaya, für den das weiße Fruchtfleisch in dünne, lange Streifen gehobelt wird. Diese werden anschließend geklopft und zusammen mit Chilis, Fischsauce, Knoblauch und kleinen getrockneten Krabben zu einem Salat verarbeitet.

Okra

(lat. Abelmoschus esculentus)

Ursprung: Äthiopien, heute auch Nordafrika und Asien

Beschreibung: Okraschoten sind 10 bis 20 cm lang und haben eine grüne Schale mit einem leichten Flaum. Im Geschmack sind die Schoten neutral bis mild oder herb.

Kulinarisches: Beim Kochen gibt die Okraschote eine schleimige Substanz ab, die sich zum Eindicken von Speisen eignet. Man kann dies umgehen, indem man die Schote fünf Minuten in Essigwasser blanchiert und anschließend kalt abschreckt. Zum Binden von Saucen und Ragouts kann man getrocknete Okrastücke einfach mitkochen.

Schlangen-, Spargel- oder Kuhbohnen
(lat. Vigna unguiculata)

Ursprung: Die Bohne stammt ursprünglich aus Afrika, wird seit langem aber auch im Mittelmeerraum, in Indien, Asien, den USA, in Südamerika und Australien angebaut.

Beschreibung: Die Kuhbohne ist eine einjährige, aufrecht wachsende, teils rankende, krautige Pflanze. Sie erreicht eine Höhe von bis zu einem Meter. Kriechende Arten werden häufig als Bodendecker verwendet. Dank ihrer tief reichenden Pfahlwurzel gedeiht die Kuhbohne auch in Regionen, die unter Dürre leiden. Die Blüten dieser Pflanze können weißlich-grau, gelb, rot oder violett gefärbt sein. Ihre Hülsen haben ungefähr die Dicke eines Bleistifts, sind leicht gekrümmt und erreichen eine Länge von rund 20 cm. In entsprechender Lage und bei guter Pflege (Zuchtsorten, Düngung, Pflanzenschutz) kann die Kuhbohne einen sehr hohen Ertrag bringen. Die günstigsten Bedingungen werden in der westlichen Welt erreicht (USA).

Kulinarisches: Die Früchte der Pflanze weisen einen relativ hohen Rohproteingehalt auf, der bei reifen Samen bei bis zu 27% liegen kann. Sie enthalten nur wenig Fett, dafür einen Stärkeanteil von bis zu über 50%. Die Zubereitung der Kuhbohne ist je nach Anbaugebiet sehr unterschiedlich. In Afrika werden die grünen Bohnen und Hülsen zusammen mit den jungen Blättern als Gemüse gegessen. Die reifen Bohnen werden oft zu Mehl verarbeitet. In Indien und Südamerika werden auch die noch grünen Bohnen und Hülsen gegart verzehrt.

SCHLANGENBOHNEN

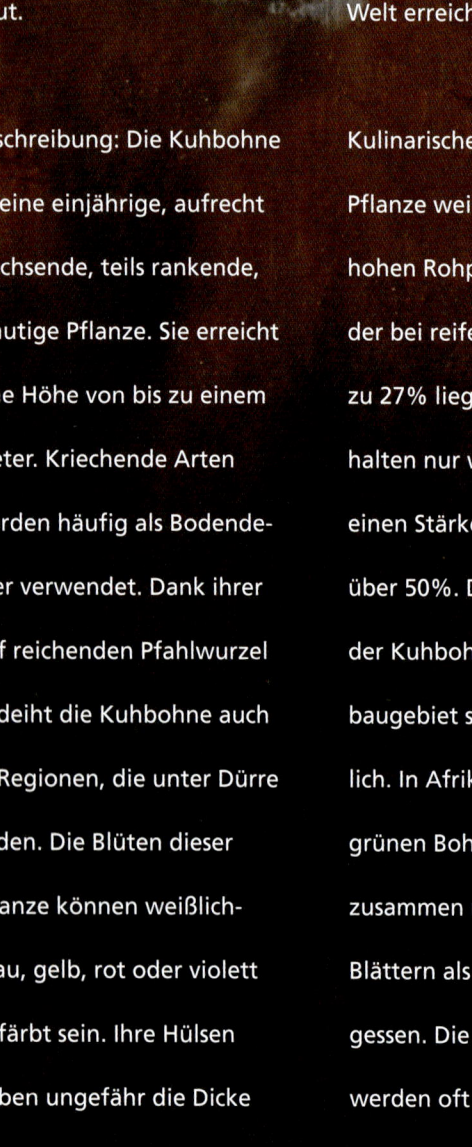

182 / 183 HUNDERTZWEIUNDACHTZIG / HUNDERTDREIUNDACHTZIG

Rezept für 4 Personen

Farce:

100 g Maispoulardenfleisch (ohne Fett und Sehnen)

1 Ei

Salz und Pfeffer

50–80 g Sahne

Eiswürfel

3 EL Sherry

Füllung:

1–2 Bund Cha-Plu-Blätter, nur die Blätter ohne Strunk

1 Thai-Mango, vollreif, in Balken geschnitten

Mieral-Maispoulardenbrust mit Thai-Mango:

4 Mieral-Excellence-Maispoulardenbrüste

Salz und Pfeffer

Klarsicht- und Alufolie

100 g Butter

3 Thymianzweige

1 Rosmarinzweig

Rote Thai-Currypaste:

5 schwarze Pfefferkörner

1 EL Koriandersamen, geröstet

1 TL Kreuzkümmel, geröstet

5 rote Chilischoten, getrocknet, entkernt und eingeweicht

1 TL Meersalz

1 TL Ingwer, fein geschnitten

1 EL Zitronengras, angeschlagen, dann geschnitten

1 EL Limonenblätter

2 TL Korianderblätter, frisch fein geschnitten

10 Knoblauchzehen, fein geschnitten

5 Schalotten, in Streifen geschnitten

1 TL Tamarindenpaste

4–5 EL Tomatenmark

Rote Thai-Curryschaum-Sauce:

2 EL Sesamöl

40 g Schalotten, in Streifen geschnitten

3 Stangen Zitronengras, zerstoßen fein geschnitten

2 Stangen Pandangblätter

30 g Ingwer, ohne Schale, gewürfelt

50 ml weißer Portwein

250 ml Kokosmilch, ungesüßt

Salz

50 g Crème fraîche

20 g Palmzucker

4 EL rote Thai-Currypaste

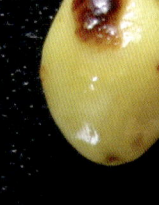

Schlangenbohnen:

75 ml kräftiger Geflügelfond

400 g Schlangenbohnen, al dente blanchiert

75 g Butter

1 TL Bohnenkraut, fein geschnitten

Gingkonüsse:

200 g gegarte Gingkonüsse

20 ml Erdnussöl

15 ml Austernsauce

Sanchopfeffer

MIERAL-MAISPOULARDE MIT ROTEM THAI-CURRY, CHA-PLU-SCHLANGEN- BOHNEN UND GINGKONÜSSEN

MICHAEL KREILING

Putenfleisch mit Ei in einer guten Küchenmaschine hackfleischartig zerkleinern. Nun mit Salz und Pfeffer würzen. Jetzt ca. ein Drittel der Sahne und ein paar Eiswürfel dazugeben, nun erneut mixen. Diesen Vorgang wiederholen, bis die Masse homogen ist. Dann mit Sherry, Salz und Pfeffer abschmecken. Anschließend die fertige Farce kalt stellen.

Cha-Plu-Blätter in Salzwasser kurz blanchieren und sofort in gesalzenem Eiswasser abschrecken. Somit werden die schönen grünen Blätter nicht grau! Dann die Cha-Plu-Blätter auf einem Küchenpapier auslegen, nun mit Küchenpapier abdecken, einmal mit einem Nudelholz darüberrollen und das Küchenpapier wieder abnehmen. Die Cha-Plu-Blätter-Matte dünn mit der Putenfarce bestreichen, um dann damit die Thai-Mangobalken einzeln einzurollen.

Mieral-Poulardenbrüste mit einem scharfen Messer von den Karkassen lösen. In die Mieral-Maispoulardenbrüste eine Tasche einschneiden. Nun die Brüste mit der Hautseite nach unten mit einem Fleischklopfer/Plattiereisen klopfen/plattieren. Dann beide Seiten mit Salz und Pfeffer würzen. Danach die Innenseite der Mieral-Maispoulardenbrüste mit Farce bestreichen, um dann den Thai-Mango-Cha-Plu-Kern hineinzulegen. Nun zu Rouladen formen und mit Klarsichtfolie und zusätzlich noch mit Alufolie fixieren. Jetzt die Rouladen bei Niedertemperatur (75–85 °C) im Wasserbad garen/pochieren.

Je nach Dicke der Mieral-Maispoularden-Rouladen dauert dies ungefähr 25–35 Minuten.

Nachdem die Rouladen gar sind, sollten sie aus der Folie genommen und in schäumender Butter mit Thymian und Rosmarin nachgebraten werden. Zum Anrichten in Scheiben schneiden.

Für die Currypaste Pfefferkörner, Koriandersamen und Kreuzkümmel in einem Mixer fein pürieren.

Nun Chilischoten, Meersalz, Ingwer, Zitronengras, Limonenblätter, Korianderblätter, Knoblauch und Schalotten dazugeben und erneut mixen. Anschließend mit Tamarindenpaste und Tomatenmark vollenden.

Tipp: Die nicht verwendete Paste in Eiswürfelformen füllen und gut abgedeckt einfrieren. Wenn sie gefroren ist, in eine wieder verschließbare Dose geben, so dass die Currypaste keinen Gefrierbrand bekommen kann. Suppen oder Currys können damit später ganz einfach verfeinert werden.

Für die Curryschaumsauce das Sesamöl in einem Topf bei mittlerer Hitze erwärmen, Schalotten, Zitronengras, Pandangblätter und Ingwer darin farblos anschwitzen. Nun mit weißem Portwein ablöschen und die Kokosmilch hinzugeben. Jetzt ca. 15–20 Minuten ziehen lassen. Sud aufkochen und durch ein feines Sieb laufen lassen, dann mit Crème fraîche, Salz, etwas Zucker und roter Thai-Currypaste verfeinern.

Geflügelfond aufkochen und die Schlangenbohnen darin

blanchieren. Nun die Schlangenbohnen mit Butter glasieren und mit Bohnenkraut vollenden.

Das Erdnussöl in einer Pfanne erhitzen und die Gingkonüsse darin goldbraun anbraten. Dann die Gingkonüsse mit Austernsauce glasieren und mit Sanchopfeffer abschmecken.

Zum Anrichten die Rouladen in Scheiben schneiden und die Bohne in Form einer Schnecke aufrollen. Die Curryschaumsauce kurz aufschäumen und an die Rouladenscheiben geben. Die Gingkonüsse wie auf dem Foto dazulegen. Die Currypaste seperat dazu reichen.

Flügelbohnen

(lat. Psophocarpus longepedunculatus)

Ursprung: Südostasien, Afrika

Beschreibung: Die deutsche Bezeichnung Flügelbohne leitet sich von einem der englischen Namen der Pflanze („winged beans") ab und bezieht sich auf Kantenausbuchtungen an den Hülsen. Die Flügelbohne ist in Asien eine weit verbreitete Kulturpflanze, die einjährig angebaut wird. Die Flügelbohne bildet oberirdisch bis zu drei Meter lange Triebe aus, deren Färbung von Grün bis Purpurrot variieren kann. Die Blätter der Pflanze können recht groß werden. Sie sind von prominenten Adern durchzogen und haben eine ovale bis lanzettartige Form. Die Blüte der Flügelbohne steht auf einem bis zu 15 cm langen Stiel und hat eine weiße bis zart-blaue Färbung. Die Hülsen der Flügelbohne sind zwischen 10 und 30 cm lang, quadratisch geformt und weisen den bereits erwähnten flügelartigen Saum auf. Je nach Länge der Hülsen können diese bis zu 40 Samen enthalten.

Kulinarisches: Der Nährwert der Hülsen ist mit dem der Sojabohne vergleichbar. Die Samen der Flügelbohne enthalten bis zu 42% Eiweiß und sind sehr mineralstoffreich. In asiatischen Ländern werden nicht nur die Hülsen und Samen der Flügelbohne, sondern auch ihre unterirdische Knolle sowie die Blätter, Triebe und Blüten verzehrt. Die Knollen sollten vor dem Verzehr gegart werden, denn sie können Giftstoffe enthalten, die erst durch den Kochvorgang zerstört werden.

FLÜGELBOHNEN

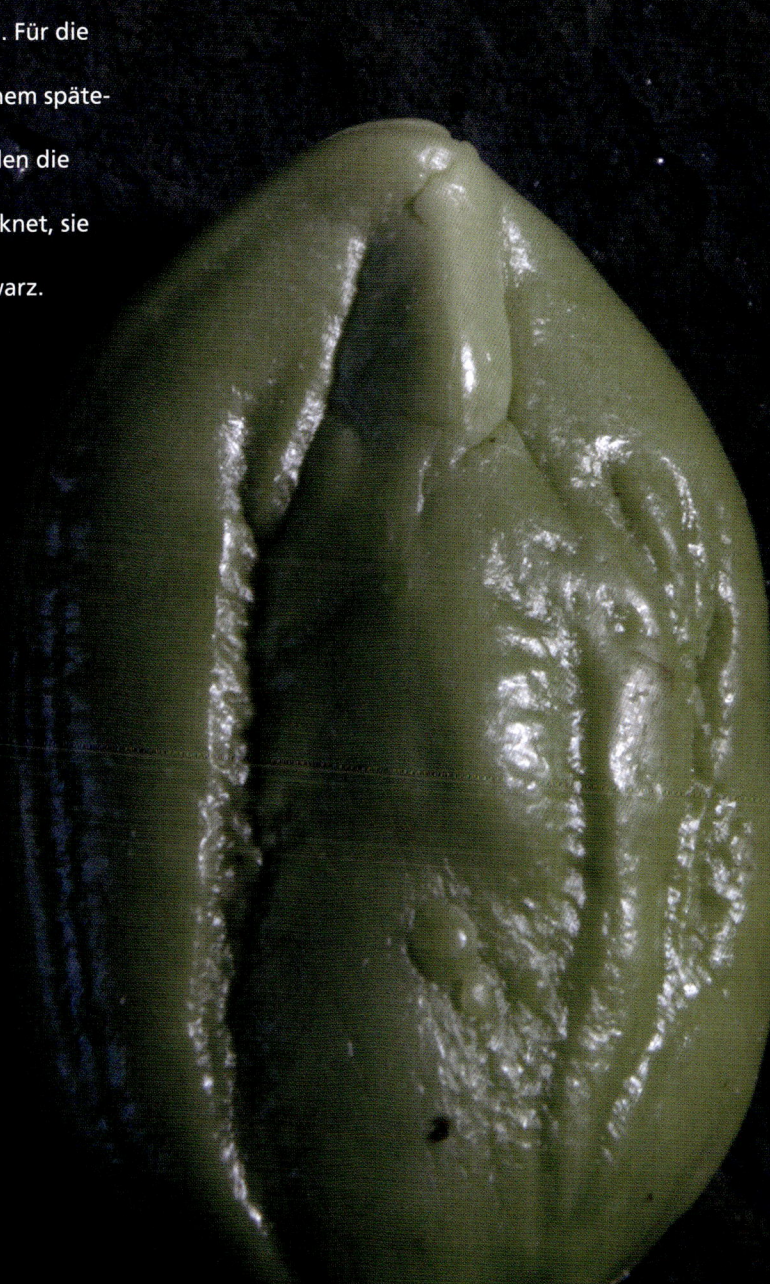

Petaibohnen

(lat. Parkia speciosa)

Ursprung: Die reichhaltige Petai- oder Stinkbohne stammt vermutlich aus Thailand. Hier erfreut sie sich großer Beliebtheit.

Beschreibung: Der Name bezeichnet sowohl die Pflanze als auch die in Schoten wachsenden Samen. An der Pflanze wachsen flache, essbare Schoten die leuchtend grüne Samenkörner enthalten. Ihre Größe und Form erinnert an Mandeln, ihr Geruch ist sehr außergewöhnlich und prägnant.

Kulinarisches: Die Petai- oder Stinkbohne wird häufig in der Schote gegrillt und als Beilage gereicht, selten wird sie auch für Currys verwendet. Besonders im Süden Thailands ist ihr starker Geschmack beliebt, er wird mit anderen intensiven Aromen wie dem der Garnelenpaste und zahlreichen Chilis ausgeglichen. Junge Bohnen werden roh, gebraten oder eingelegt gegessen. Für die Verwendung zu einem späteren Zeitpunkt werden die Samen auch getrocknet, sie verfärben sich schwarz.

Mungbohnen, der Klassiker (lat. Vigna radiata)

Ursprung: Die Hülsenfrucht wird seit einigen tausend Jahren in Asien angebaut.

Beschreibung: Im Inneren der Hülsen befinden sich zahlreiche linsen- oder erbsengroße Samen mit grün-gelblicher Färbung. Ihr Spross, der dem Sojakeim optisch sehr ähnlich sieht, wird genauso gerne verarbeitet und gegessen wie die Bohne an sich.

Kulinarisches: Aus ihrem Mehl werden Glasnudeln hergestellt. Irrtümlich werden sie oft als Sojabohne bezeichnet. Sie sind eine beliebte Zutat in asiatischen Gerichten und roh oder geschmort ein Genuss. Mungbohnensprossen sind ein gesunder Snack, da sie kalorienarm und reich an Ballaststoffen sind.

Chayote

(lat. Sechium edule)

Ursprung: Ihren Ursprung hat die Pflanze in Brasilien, sie wird heute in vielen tropischen und subtropischen Ländern angebaut.

Beschreibung: Bei der Chayote handelt es sich sowohl um eine kürbisähnliche Pflanze als auch um ihre Frucht, ein birnenförmiger Sommerkürbis, der in Deutschland auch unter dem Namen „Schuschu" bekannt ist. Die Früchte, die meistens unterhalb der Blätter der Pflanze hängen, haben eine grüne Schale, die zwischen gelbgrün und tief dunkelgrün variiert. Selbst im frischen Zustand hat die Chayote tiefe Furchen in der Schale, die sie schrumpelig und nicht mehr frisch aussehen lassen. Die in etwa mangogroßen Früchte der Chayote mit der charakteristischen Birnenform sind eigentlich eher ein Gemüse als eine Frucht. Ähnlich wie eine Gurke enthält die Chayote überwiegend Wasser und hat kaum Kalorien. Neben ihrem hohen Wasseranteil enthält sie auch Aminosäuren, Vitamin C sowie die Mineralstoffe Kalium, Calcium und Eisen.

Kulinarisches: Das Fruchtfleisch der Chayote ist sehr hell und fest, es hat einen sehr milden Geschmack, der an Kartoffeln und Gurken erinnert. Der innenliegende längliche Kern ist ebenfalls essbar. Die vielseitigen Verwendungsmöglichkeiten machen diese Frucht sehr interessant: Sie eignet sich zum Dünsten, Kochen oder Braten, ausgehöhlt kann sie wie eine Zucchini überbacken werden. Auch in Süßspeisen macht sie eine gute Figur, wobei sich besonders der Kern zur Zubereitung von Chutneys, Marinaden und Kompott eignet.

CHAYOTE

Rezept für 4 Personen

Limonen-Teriyaki-Marinade:
125 g brauner Zucker
125 ml Wasser
125 g Puderzucker
5 reife Limonen (Saft)
50 ml Teriyakisauce
250 ml Olivenöl (Calvi)
Salz, Pfeffer aus der Mühle

600 g Kingfish
200 g Grue/Kakaobohnenbruch, geröstet
40 g weißer Sesam, geröstet
1 Prise Sanchopfeffer
(japanischer Bergpfeffer)

Chayote-Papayasalat:
1/2 Chayote
1/2 Papaya
1 Päckchen Enoki-Pilze
1 Schale rote Daikon-Kresse

Wasabi-Creme:
1 TL Mayonnaise
2 EL Crème fraîche
1 TL Reisessig
1 TL Mirin
1 TL Honig
2 TL Wasabipaste
Salz
Pfeffer aus der Mühle

Für die Marinade den braunen Zucker und das Wasser zusammen aufkochen. Den Puderzucker darin auflösen. Nun Limonensaft und die Teriyakisauce beigeben und abkühlen lassen. Dann die Masse mit dem Olivenöl emulgieren und mit Salz und Pfeffer abschmecken.

Den Kingish in vier ca. 150 g schwere Balken schneiden, in der Marinade wenden. Kakaobohnenbruch und weißen Sesam verrühren. Den Kingfish darin panieren, danach in einer sehr heißen Eisenpfanne von allen Seiten scharf anbraten. Der Kingfish soll noch roh sein, denn er wird als Sashimi serviert. Die vier Kingfish-Balken dann in gleich große Stücke teilen und mit etwas japanischem Bergpfeffer würzen.

Für den Chayote-Papayasalat die Chayote in Salzwasser kochen, bis sie weich ist. Danach in Eiswasser abschrecken, in Scheiben schneiden. Papaya schälen, entkernen und in Scheiben schneiden. Die Enoki-Pilze ca. 2–3 cm unterhalb der Köpfe abschneiden. Nun alles mit der Limonenmarinade marinieren und anrichten. Die Daikon-Kresse als Deko verwenden.

Für die Wasabi-Creme die Mayonnaise mit der Crème fraîche glatt verrühren, Reisessig, Mirin und Honig dazugeben. Dann mit Salz und Pfeffer abschmecken. Wie auf dem Foto anrichten und einen Strich von der Wasabi-Creme auftragen.

KINGFISH-SASHIMI, LIMONEN-TERIYAKI-MARINADE, SESAM-GRUE-KRUSTE, CHAYOTE-PAPAYASALAT

MICHAEL KREILING

Rezept für 4 Personen

Austernmousseline:
50 g Austernfleisch
200 g Steinbutt
170 g Crème fraîche
100 ml Austernsaft
2 Eier
1 Eigelb
200 g Butter

Austerntramezzini:
4 Gillardeau-Austern Nr. 5
4 Scheiben Tramezzini-Brot
Eiweiß, Pfeffer, Zitronensaft

Auberginenconfit:
1 Aubergine
Thymian, Knoblauch, Meersalz, Olivenöl
1 Tomate, geviertelt ohne Kerngehäuse
1 Msp. Knoblauchsalz
1 Msp. Anapurna-Curry
50 ml weißer Balsamico
3 EL Olivenöl
1 Msp. Raz El Hanout
Piment d'Espelette, Meersalz

Auberginencreme:
1 Eigelb
50 ml Jordan Olivenöl
1 Spritzer Prelibato Essig
4 EL Auberginenconfit
Salz
Zucker

Perlzwiebelkrokant:
100 g geschälte Perlzwiebeln
10 ml Olivenöl
5 g Zucker
5 g Thymianhonig
5 ml weißer Balsamico
5 ml Apfel-Honigessig
20 ml weißer Portwein
40 ml Weißwein
1 kleiner Thymianzweig
1 kleines Lorbeerblatt
1/2 Sternanis
1 Pimentkorn
1 Wacholderbeere
1 Pfefferkorn
Meersalz
1 EL Malto-Zucker

Schalottenkrokant:
3 Schalotten
Pflanzenfett
Bird Chili

Austerschaum:
300 ml Austernwasser
150 ml weiße Balsamicoreduktion (Prelibato Essig)
1,5 g Lecite
1 EL Honig

12 Blätter geputzte Austernblätter

GILLARDEAU-AUSTER MIT AUSTERNKRAUT, SCHALOTTENKROKANT UND CHILI-SCHA-LOTTEN-PULVER JÖRG SACKMANN

Für die Austernmousseline Austern und Steinbutt würfeln und anfrieren. Im Cutter zerkleinern, bis eine cremige Farce entsteht. Crème fraîche und Austernsaft nach und nach dazugeben und weitermixen. Die verrührten Eier zugeben und die weiche Butter unterarbeiten. Alles muss sehr gut gekühlt sein. Eventuell mit Salz und Pfeffer abschmecken. Die Masse in gut gebutterte Silpatförmchen (5 cm × 5 cm, 2 cm hoch) geben, glatt streichen, mit Folie bedecken und etwa 30 Minuten bei 68 °C im Hold-O-Mat garen.

Für die Austerntramezzini Austern ausbrechen, trocken legen. Die Brotscheiben in 2 cm lange, dünne Streifen schneiden, etwas antrocknen lassen. Die Austern einzeln in leicht zerschlagenes, mit weißem Pfeffer und Zitronensaft gewürztes Eiweiß geben und mit den Brotstreifen locker und gleichmäßig panieren. In Öl bei 180 °C ca. 2 Minuten goldgelb ausbacken. Leicht salzen und mit weißem Pfeffer würzen.

Für das Auberginenconfit die Aubergine der Länge nach halbieren, über Kreuz einschneiden und in Olivenöl auf den Schnittflächen goldbraun anbraten. Thymian, Knoblauch, Meersalz zugeben, mit Olivenöl beträufeln und im Backofen solange schmoren, bis die Auberginenhälften sehr weich sind. Anschließend das Mark mit einem Löffel aus der Schale auslösen. Auberginenmark mit Tomatenvierteln und Knoblauchsalz trocken anschwitzen, Anapurna Curry und weißen Balsamico zugeben, pürieren, fein passieren. Mit Olivenöl, Raz el Hanout, Piment d'Espelette und Salz abschmecken und anschließend kalt stellen.

Für die Auberginencreme alle Zutaten zu einer Creme aufschlagen. Davon 4 EL mit dem Auberginenconfit verrühren und mit Prelibato, Salz, Zucker und Piment d'Espelette abschmecken.

Für den Perlzwiebelkrokant die Zwiebeln in Olivenöl andünsten, mit Zucker und Honig karamellisieren. Mit den Essigen ablöschen, mit Portwein und Weißwein auffüllen. Kräuter und Gewürze bis auf den Maltozucker zugeben und im Backofen bei 200 °C für 25 Minuten weich schmoren, anschließend über Nacht ziehen lassen.
Am nächsten Tag die Zwiebeln aus dem Fond nehmen, fein hacken und im Backofen bei 55 °C trocknen.
Den Maltozucker farblos rösten und mit den trockenen, goldbraunen Perlzwiebelkrokant vermischen.

Für den Schalottenkrokant die Schalotten schälen, in feine Ringe schneiden und heiß abwaschen. In Pflanzenfett bei 140 °C goldgelb frittieren, salzen und bei 70 °C im Ofen nachtrocknen. Bird Chili halbieren, Kerne entfernen und auf einem Blech ausbreiten. Im Backofen bei 70 °C trocknen, bis sie knusprig sind.

Für den Austerschaum alle Zutaten mischen und auf ca. 68 °C erwärmen. Mit einem Mixstab aufmontieren bis sich ein Schaum bildet.

Zum Anrichten die Austern aufschneiden, auf die linke Seite des Tellers setzen, daneben den Austerschaum. Die warme Austernmousseline mit Schalottenkrokant und Bird Chili garnieren, daneben die Austernblätter geben. Zum Schluss jeweils einen Strich Auberginencreme auftragen.

Auberginen / Verschiedene Formen

(lat. Solanum melongena)

Ursprung: Die subtropische Pflanzenart Aubergine, die auch Eierfrucht genannt wird, gehört zur Gattung der Nachtschatten (Solanum). Der Ursprung der Auberginen wird in Asien vermutet. Dort werden sie bereits seit über 4.000 Jahren angebaut.

Beschreibung: Im deutschen Sprachgebrauch bezeichnet Aubergine sowohl die Pflanze als auch die unterschiedlich geformte und gefärbte Strauchfrucht, die eigentlich eine Beere ist. Die Beere variiert von keulenförmig, eiförmig bis kugelrund in der Form, von weiß gemasert bis zu schwarzviolett in der Farbe.

Kulinarisches: Auberginen werden gedünstet, gebraten oder gekocht als Gemüse gegessen. Besonders in der mediterranen, orientalischen und türkischen Küche sind sie sehr beliebt, ihre Verwendung in der chinesischen Küche ist bis ins Jahr 609 n. Chr. belegt. Dort ist die Aubergine eines der wichtigsten Sommergemüse. Es ist unbedingt zu beachten, dass Auberginen im unreifen Stadium das giftige Solanin enthalten.

ERBSEN-AUBERGINEN

Erbsenauberginen
(lat. Solanum trilobatum)
Ursprung: Wie ihre „große Schwester" stammt auch die Erbsenaubergine vermutlich aus Asien, sie ist eine gezüchtete Sonderform der Aubergine.

Beschreibung: Ihren Namen verdankt die Frucht ihrer Größe und Farbe, die beide sehr an Erbsen erinnern. Im Wuchs ist diese Aubergine etwas größer als eine Erbse, ihre Farbe variiert je nach Reifegrad von zartem Grün bis hin zu blassem Gelb. Je jünger die Frucht, desto grüner die Färbung und umso zarter der Geschmack.

Kulinarisches: Als Bestandteil in zahlreichen Currys ist die Erbsenaubergine besonders in Thailand sehr beliebt. In unterschiedlichen Formen und Farbschattierungen ist sie in Europa auch als Mini-Aubergine erhältlich.

Luffaschwamm / Luffagurke / Si Gua Luffa

(lat. Luffa acutangula)

Ursprung: Luffa ist in den Tropen beheimatet und gehört zur Gattung der Kürbisgewächse. Man unterscheidet viele verschiedene Arten, darunter auch den Schwammkürbis und die Flügelgurke.

Beschreibung: Die Früchte der verschiedenen Luffa-Arten haben sehr unterschiedliche Formen, sie variieren von zylindrisch-länglich bis kugelig rund, die Struktur der Oberfläche ist meist glatt, gerippt oder mit Stacheln überzogen. Die meist dunkelgrüne Schale umhüllt ein helles, weißliches Fruchtfleisch, das mit zahlreichen Samenkörnern gespickt ist. Zu verzehrende Früchte müssen jung geerntet werden, vollreife Früchte sind ungenießbar.

Kulinarisches: Diese gurkenähnliche Frucht ist ein beliebter Speisekürbis, der ähnlich wie Gurke oder Zucchini als Salat oder als Gemüse zubereitet wird. Als Beilage wird die Flügelgurke gerne geschmort, gegart oder in Gemüsemischungen mitgekocht.

Butternut-Kürbis

(lat. Cucurbita moschata)

Ursprung: Der Butternut-Kürbis gehört zur Gattung der Kürbisgewächse (Cucurbitaceae), die in Amerika heimisch ist. Der Butternut ist eine Sorte der Art Moschuskürbis, die in den Tropen und in Lagen mit heißem, feuchtem Klima am häufigsten angebaut wird.

Beschreibung: Dieser in seiner Form ganz typisch birnenförmige Kürbis hat eine sehr dünne, glatte, cremefarbene bis beige-grünliche Schale. Unter der dicken Schale verbirgt sich ein intensiv orangefarbenes Fruchtfleisch, das ein süßlich-nussiges Aroma hat, völlig faserfrei und von fast buttriger Konsistenz ist – wie eine reife Avocado. Das Kerngehäuse ist im Vergleich zu anderen Kürbissen sehr klein.

Kulinarisches: Das Fruchtfleisch des Butternut-Kürbisses kann gebraten, gekocht oder gedünstet werden, auch als Beilage für Suppen und Eintöpfe ist es sehr beliebt. Der Butternut ist ein klassischer Winterkürbis und besitzt hervorragende Lagereigenschaften: Bis zu einem ganzen Jahr kann er gelagert werden! Allerdings verliert das Fruchtfleisch nach und nach an Flüssigkeit, es wird trocken und faserig.

Hokkaidokürbis

(lat. Cucurbita maxima)

Wie der Name vermuten lässt, stammt dieser Speisekürbis von der japanischen Insel Hokkaidō. Allerdings brachten ursprünglich die Amerikaner den Kürbis nach Japan, und dort wurde dann dieser kleine Kürbis mit seinem nussigen Aroma gezüchtet. Im Gegensatz zu den meisten Kürbissen wird seine Schale beim Kochen weich und kann gegessen werden. Der Hokkaido ist meist orangerot und wird mit einem Gewicht von 1 bis 2 Kilo angeboten. In der Küche findet er vielseitig Verwendung, gerne als Suppe, aber auch als Gemüse und roh als Salat.

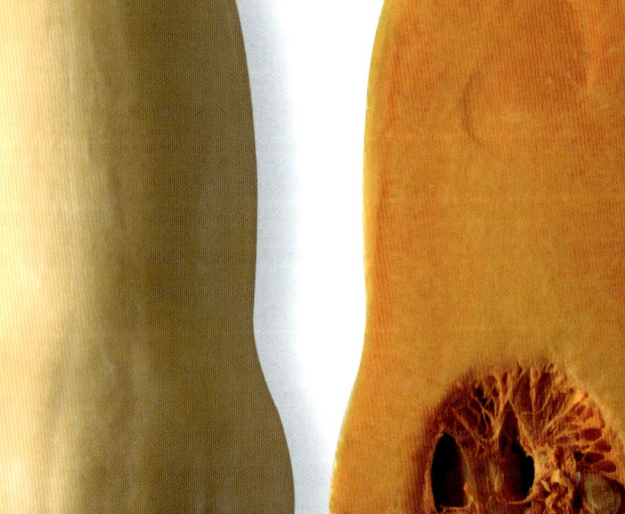

CHINESISCHER BROKKOLI

Chinesischer Brokkoli

(lat. Brassica alboglabra)

Ursprung: Der chinesische Brokkoli stammt aus Südchina, wird heute jedoch in vielen tropischen Ländern als Gemüse angebaut.

Beschreibung: Der chinesische Brokkoli ähnelt dem in Europa bekannten Brokkoli (Brassica oleracea) stark in Blatt und Stängel, allerdings treibt er nur sehr kleine Blüten hervor. Die Blätter sind ebenfalls kräftig blaugrün, die fleischigen Stiele und Stängel stark verzweigt.

Kulinarisches: Der chinesische Brokkoli wird im Ganzen geerntet und zubereitet. Im Geruch unterscheidet er sich fast nicht vom Brokkoli, im Geschmack ist er jedoch intensiver und schmeckt stärker nach Kohl.

Rezept für 4 Personen

Chinesischer Brokkoli:
8 Stangen chinesischer Brokkoli
10 ml Erdnussöl
30 ml Austernsauce
Pfeffer aus der Mühle

Bambuswurzeln:
4 Bambuswurzeln
10 ml Sesamöl
1/4 rote Chilischote, in feine Würfel geschnitten
10 ml Austernsauce
30 ml Fischsauce

Marinierter Tofu:
Soja–Mirin-Marinade:
1–2 EL Erdnussöl
100 g Schalotten
150 g Knoblauch
40 g Ingwer, fein gerieben
120 g Zucker
180 ml Mirin
70 ml Sake
150 ml dunkle Sojasauce
100 ml helle Sojasauce
400 g Tofu, hart

Tofu gebacken:
400 g Tofu, hart
300 g Panko
50 g Tandooripulver
100 g Mehl
100 g Ei
Erdnussöl/-fett

Den chinesischen Brokkoli längs halbieren und in kochendem Salzwasser kurz blanchieren, bis er bissfest ist. Erdnussöl im Wok erhitzen und den Brokkoli darin scharf anbraten. Mit der Austernsauce und dem Pfeffer aus der Mühle abschmecken. Die Bambuswurzeln der Länge nach in dünne Scheiben schneiden. Das Sesamöl im Wok erhitzen, Bambuswurzeln und Chili kurz darin anbraten und mit der Austernsauce und der Fischsauce abschmecken.
Für die Marinade Erdnussöl in einem Topf erhitzen. Schalotten, Knoblauch und Ingwer darin farblos anschwitzen. Zucker hinzugeben und mit Mirin ablöschen. Nun Sake und die Sojasaucen dazugeben und alle Zutaten einmal aufkochen und dann kalt stellen. Den harten Tofu mindestens 24 Stunden in die Soja-Mirin-Marinade einlegen, damit der Tofu den Geschmack gut aufnimmt. Dann den Tofu aus der Marinade nehmen und gut abtropfen lassen. Panko mit dem Tandooripulver mischen. Den Tofu dann in Mehl, Ei und Tandoori-Panko panieren. In einem Wok mit ca. 160 °C heißem Erdnussfett knusprig backen.
Brokkoli, Bambuswurzeln und Tofu-Streifen auf einem Teller anrichten.

CHINESISCHER BROKKOLI, MARINIERTER TOFU, TANDOORI-PANKO, BAMBUSWURZELN

MICHAEL KREILING

SANDWICH VOM BLUE-FIN-THUNFISCH MIT JAKOBSMUSCHELN, PFLAUMEN-CHERMOLA UND FINGERLIME

JÖRG SACKMANN

Rezept für 4 Personen

400 g Blue-Fin-Thunfisch
15 große Jakobsmuscheln
Olivenöl
Salz und Pfeffer
Limetten
1 quadratische Metallform mit Deckel (16 cm × 16 cm, 4 cm hoch)
Klarsichtfolie

2 Fingerlime

Chermola:
1/4 einer jungen Lauchzwiebel
1 rote Zwiebel
1 rote Pfefferschote
4 Korianderblätter
4 Minzeblätter
2 Petersilienblätter
Salz
2 EL Olivenöl
4 cl weißer Prelibatoessig
100 ml Fischfond

Chinakohl:
1 Chinakohl, ohne Strunk
25 ml salzarme Sojasauce
20 ml Bonito-Marinade
5 ml Teriyakisauce
Ingwer
1 Prise Yakajirri (australisches Gewürz)
1 Prise Ducca
1 Prise Raz el Hanout
1/2 Limonenschale, gerieben
1 Limonenblatt
1 Prise Xanthan
5 ml Olivenöl
etwas Limonenöl
5 g Butter

Pflaumenperlen:
200 ml roter Portwein
200 ml Rotwein
100 g Trockenpflaumen
1 TL Ingwer, gerieben
50 ml Chicken-Chilisauce
3 EL salzreduzierte Sojasauce
1 EL Ketjap Manis
1 Msp. Wasabipaste
0,9 g Clorur
Habanero Chilipulver nach Geschmack (sehr scharf)
1 l Wasser
5 g Algin

Oliven-Koriander-Sauce:
120 g Grünes vom Lauch
50 g junge Spinatblätter
2 Korianderzweige
125 g Butter
100 g grüne Oliven, ohne Stein
100 ml kräftige Fischessenz

Die Metallform leicht einölen, mit Klarsichtfolie glatt auslegen und die Folie ebenfalls einölen. Den Thunfisch in 5 mm dicke Scheiben schneiden, den Boden damit auslegen, und den Thunfisch mit Salz und Pfeffer würzen. Die Jakobsmuscheln quer halbieren und bündig auf den Thunfischboden geben. Mit Salz, Pfeffer und Limettenabrieb würzen. Mit den restlichen Thunfischscheiben oben abschließen. Würzen, leicht einölen, mit Folie verschließen, den Deckel aufsetzen und kalt stellen.
Den gut durchgekühlten Thunfisch auf ein Brett stürzen und in gleichmäßige Rechtecke von 8 cm × 2 cm schneiden. Den portionierten Fisch auf eine geölte Folie geben, leicht verschließen und bei 68 °C im Hold-O-Mat für ca. 15–20 Minuten erwärmen, ohne dass sich der Thunfisch verfärbt.
Für die Chermola Lauchzwiebel und Zwiebel schälen, Samen der Pfefferschote

entfernen und alles in Streifen schneiden. Koriander, Minze und Petersilienblätter grob zerkleinern. Alles kühl stellen. Zwiebeln in Olivenöl anschwitzen, Pfefferschote zugeben und mit dem Essig trocken reduzieren. Fischfond zugießen, wieder ganz reduzieren und mit Olivenöl binden.

Für den Chinakohl den Kohl in Streifen schneiden (ca. 250 g), die äußeren schönen Blätter (4 Stück) aufheben. Sojasauce, Bonito-Marinade, Teriyaki und Ingwer mit den Gewürzen aufkochen (außer Limonenschale und -blätter). 150 g vom geschnittenen Chinakohl zugeben, kurz andünsten, damit er Wasser zieht. Den Fond abnehmen, mit Limonenschale und -blättern einkochen und mit Xanthan leicht binden. Passieren, mit Olivenöl, Limonenöl und Butter verfeinern und wieder zum Chinakohl zugeben. Zum Schluss die restlichen rohen Chinakohlstreifen unterheben.

Die 4 Chinakohlblätter kurz in etwas Butter andünsten und dann auf Küchenpapier ausbreiten und trocken tupfen. Den Chinakohl darauf setzen und zu 8 x 2 cm großen Päckchen formen und im Ofen erwärmen.

Für die Pflaumenperlen Portwein und Rotwein zusammen aufkochen, über die Trockenpflaumen gießen und über Nacht ziehen lassen. Die restlichen Zutaten mit den Pflaumen vermischen, pürieren und durch ein feines Sieb streichen. Die Masse mindestens 1 Stunde, am besten jedoch über Nacht ziehen lassen. Wasser und Algin mixen und ebenfalls für mindestens 1 Stunde, am besten aber über Nacht ziehen lassen. Zum Servieren die Pflaumenperlenmasse in eine Spritze füllen und in das Alginbad tropfen.

Für die Oliven-Koriander-Sauce den Lauch der Länge nach halbieren und gründlich waschen, danach in grobe Stücke schneiden. Spinat und Koriander putzen und gründlich waschen. Lauch und Blattspinat kurz in kochendem Salzwasser blanchieren und in Eiswasser abschrecken. Sehr gut ausdrücken und zusammen mit der temperierten Butter und den Oliven in einem Mixer zu einer homogenen Paste mixen, danach durch ein Sieb streichen und kalt stellen. Zum Aufmontieren der Sauce die Fischessenz aufkochen und mit 3–4 Esslöffeln der Koriander-Oliven-Butter zu einer cremigen Masse aufmontieren, diese durch ein feines Sieb passieren und in einer Spritzflasche abfüllen.

Die Fingerlimes der Länge nach halbieren und das Fruchtfleisch herauskratzen. Den Chinakohl auf der Mitte des Tellers platzieren und den Blue-Fin-Thunfisch darauf setzen und mit Chermola bedecken. Vorsichtig die Perlen aufsetzen und das Fruchtfleisch der Fingerlime. Die Oliven-Koriander-Sauce in zwei dünnen Streifen garnieren.

CHINAKOHL

Chinakohl
(lat. Brassica pekinsensis)
Ursprung: nordöstliches China. Heute wird Chinakohl im gesamten ostasiatischen Raum angebaut, ist aber auch in Europa weit verbreitet.

Beschreibung: Chinakohl wird auch Chinesischer Kohl oder Pekingkohl genannt und ist eine Kreuzung zwischen der botanisch verwandten ostasiatischen Kohlsorte Pak Choi (Brassica chinensis) und der Speiserübe (Brassica rapa). Die Pflanze ist daher mit den europäischen Kohlarten, die alle auf eine Wildform zurückgehen, nur entfernt verwandt.

In seiner Heimat ist dieser Kohl seit über 1.500 Jahren bekannt und wird dort als „bai cai" bezeichnet. In Asien zählt Chinakohl neben Rettich zu den wichtigsten Nahrungsquellen und ist ein wichtiger Vitamin-C-Lieferant im Winter.

Die festen Außenblätter des Chinakohls sind gelb bis dunkelgrün, im Inneren ist der Chinakohl gelb bis goldgelb, die Blätter sind zarter. Der Kopf ist oval oder auch zylindrisch und hat keinen Strunk. Chinakohl erreicht eine Höhe von 50–60 cm, die Köpfe der Salatpflanze können ein Gewicht von bis zu 2 kg erreichen. Im Gegensatz zu anderen Kopfkohlarten schließen sich seine Blätter wegen des fehlenden Strunkes von selbst.

Kulinarisches: Die zarten Blätter benötigen nur eine sehr kurze Garzeit, in den meisten asiatischen Gerichten wird er nur ganz kurz im Wok geschwenkt. Fein geschnitten eignet er sich auch sehr gut als Salat.

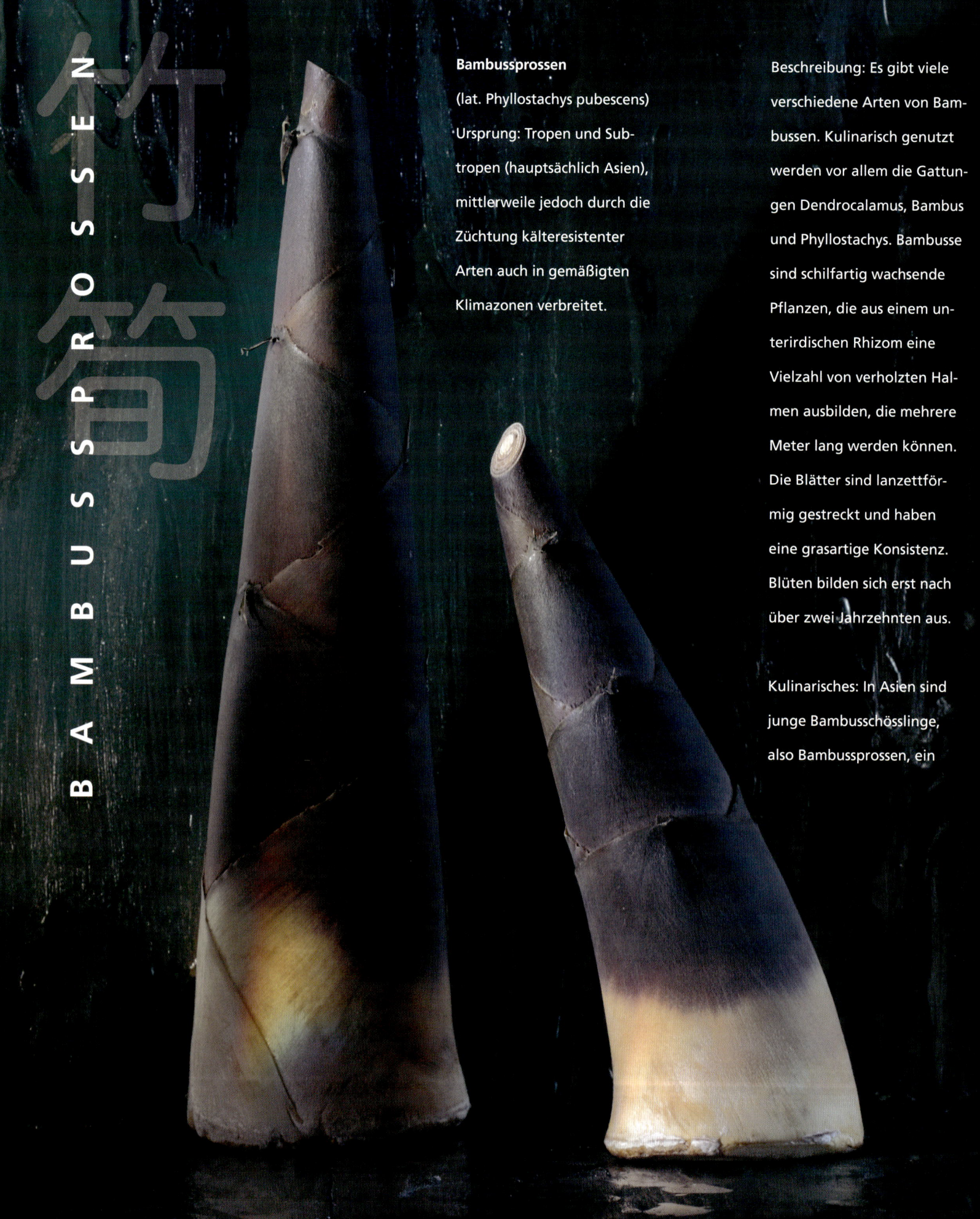

BAMBUSSPROSSEN 竹筍

Bambussprossen

(lat. Phyllostachys pubescens)

Ursprung: Tropen und Subtropen (hauptsächlich Asien), mittlerweile jedoch durch die Züchtung kälteresistenter Arten auch in gemäßigten Klimazonen verbreitet.

Beschreibung: Es gibt viele verschiedene Arten von Bambussen. Kulinarisch genutzt werden vor allem die Gattungen Dendrocalamus, Bambus und Phyllostachys. Bambusse sind schilfartig wachsende Pflanzen, die aus einem unterirdischen Rhizom eine Vielzahl von verholzten Halmen ausbilden, die mehrere Meter lang werden können. Die Blätter sind lanzettförmig gestreckt und haben eine grasartige Konsistenz. Blüten bilden sich erst nach über zwei Jahrzehnten aus.

Kulinarisches: In Asien sind junge Bambusschösslinge, also Bambussprossen, ein weit verbreitetes und beliebtes Gemüse. Die Bambusschösslinge werden frisch geerntet und verkauft oder als Konservenware angeboten. Frische Bambussprossen, die aus dem Wurzelwerk der Mutterpflanze ausgegraben werden müssen, sind von holzigen, haarigen Blättern umgeben und müssen vor der Zubereitung geschält werden. Sie haben ein hellgelbes, festes Fleisch. Frische Bambussprossen dürfen nicht roh verzehrt werden, da ihr Fleisch eine Blausäureverbindung (Blausäureglycosid) enthält, die erst durch das Kochen zerstört wird.

KRACHAI

Krachai
(lat. Boesenbergia rotunda)
Ursprung: Südchina

Beschreibung: Krachai oder auch Chinesischer Ingwer oder Fingerwurz ist ein Gewürz, das fast ausschließlich in der thailändischen Küche eine Rolle spielt. Krachai hat einen würzig-scharfen Geschmack, der besonders gut zu Fischgerichten passt.

Kulinarisches: Das Rhizom wird entweder zusammen mit anderen Gewürzen zu einer Paste zerrieben oder in Form dünner Scheiben verwendet. Zusammen mit Kaffernlimettenblättern werden in Thailand Gemüseeintöpfe und Fischsuppen mit Krachai gewürzt.

YELLOW-FIN-THUNFISCH, JAKOBSMUSCHEL, KRACHAI, GEMÜSE-PAPAYA

MICHAEL KREILING

Rezept für ca. 4 Personen

350 g Yellow-Fin-Thunfisch, roh in fingerdicke Scheiben geschnitten

1 EL weißer und schwarzer Sesam

4 Jakobsmuscheln

Salz und Pfeffer

1 EL Olivenöl

Sanchopfeffer (japanischer Bergpfeffer)

Krachai-Wasabi-Marinade:

50 ml Sojasauce

50 ml Ketjap Manis (süße Sojasauce)

25–30 g Wasabipaste

15–25 g Krachai, geraspelt (Ingwer-Lavendel-Geschmack)

Gemüse-Papaya:

60 ml Chilisauce

3 g Koriander, ohne Stiele

15 ml Limettensaft

10–15 ml Fischsauce

4 g Thai-Knoblauch, in feine Rollen geschnitten

20 ml Olivenöl

150 g grüne Papaya, in feine Streifen

30 g Schalottenstreifen

1 TL rote Chilifäden

100 g Wassermimose, nur die Blätter verwenden

Salz und Pfeffer

Manila-Mango-Salsa:

3 Manila-Mangos, gewürfelt

2 Flaschentomaten, gewürfelt

1/2 rote Zwiebel, gewürfelt

1/2 rote Chilischote, fein gewürfelt

Saft von 1 Limone

5 g Koriander

1 Zweig Minze

1 Spritzer Wodka

1 Spritzer Champagneressig

Dekoration:

Daikon-Kresse

Frisée

1/2 Bund Thai-Knoblauch

Für die Wasabimarinade Sojasauce und Ketjap Manis verrühren und nach Geschmack Wasabipaste zugeben. Die Marinade soll würzig sein. Mit Krachai abschmecken. Die Thunfischscheiben mit der Wasabimarinade einstreichen und den Sesam darauf verteilen.

Die Jakobsmuscheln mit Salz und Pfeffer würzen und bei mittlerer Hitze in Olivenöl glasig braten. Vor dem Anrichten mit etwas Sanchopfeffer bestreuen.

Für die Gemüse-Papaya aus Chilisauce, Koriander, Limettensaft, Fischsauce, Thai-Knoblauch und Olivenöl ein Dressing herstellen. Alles fein pürieren.

Papaya, Schalotten, Chilifäden und Wassermimose mit dem Dressing gut vermengen. 3–4 Stunden ziehen lassen, mit Salz und Pfeffer abschmecken und später zimmerwarm servieren.

Für die Salsa alle Würfel mischen und Limonensaft hinzugeben. Nach Geschmack die anderen Zutaten dazumischen.

Den Thunfisch mit der Gemüse-Papaya anrichten, daneben die Jakobsmuschel platzieren. Die Mango-Salsa nach Belieben mit Kresse, Frisée und Knoblauch dekorieren.

ZWEIHUNDERTZWÖLF / ZWEIHUNDERTDREIZEHN   212 / 213

MIERAL-ENTENBRUST, ROTER THAI-CURRYSCHAUM, KANG-KUNG-GEMÜSE

MICHAEL KREILING

Rezept für 4 Personen

1 Mieral-Barbarie-Ente Excellence (1,2–1,4 kg)
Palm Island Hawaiian Sea Salt, schwarz

Sud:
20 ml Sojasauce
20 ml Geflügelbrühe
35 ml Chilisauce
5 g Ingwer, frisch gerieben
3 g Knoblauch, frisch in kleine Würfel geschnitten
1 Sternanis, zerstoßen
1 TL Szechuanpfeffer, zerstoßen

Rote Thai-Currypaste:
5 schwarze Pfefferkörner, zerstoßen
1 EL Koriandersamen, geröstet und zerstoßen
1 TL Kreuzkümmel, geröstet und zerstoßen
5 rote Chilischoten, getrocknet, entkernt und eingeweicht
5 Schalotten, in Streifen geschnitten
10 Knoblauchzehen, fein geschnitten
1 TL Ingwer, fein geschnitten
1 EL Zitronengras, fein geschnitten
1 EL Limonenblätter
2 TL frische Korianderstängel, fein geschnitten
1 TL Meersalz
1 TL Tamarindenpaste
1 TL Tomatenmark

Roter Thai-Curryschaum:
1 EL Sesamöl
2 Schalotten, in Streifen geschnitten
2 Stangen Zitronengras, zerstoßen und fein geschnitten
1/2 rote Chilischote, mit Kernen fein geschnitten
20 g Ingwer, ohne Schale gewürfelt
25 ml weißer Portwein
150 ml Kokosmilch, ungesüßt
Salz
Zucker
1–2 TL Lecite

Kang-Kung-Gemüse:
2 EL Erdnussöl
50 g Palmenherzen-Blätter
300 g Kang Kung (Wasserspinat)
4 EL Geflügelbrühe
Koriandersamen aus der Mühle
1 EL Fischsauce
1 EL Cashewkerne, geröstet

Frühlingsrollen:
Mieral-Barbarie-Entenkeulenfleisch (geschmort)
1 Schalotte, in Streifen
15 g Rettichstreifen
10 g Karottenstreifen
10 g Lauchstreifen
10 g Selleriestreifen
5 g Ingwer, fein geschnitten
1 Knoblauchzehe, fein geschnitten
1 Zitronengrasstange, gerieben
Ananaspüree, nach Geschmack
10 g Ananasstreifen
Mumbai-Curry, nach Geschmack
2 TL Chilisauce
Salz und Pfeffer

12 Stücke Frühlingsrollenteig
Eiweiß

Für den Sud Sojasauce, Geflügelbrühe, Chilisauce, Ingwer, Knoblauch, Sternanis und Szechuanpfeffer zusammen aufkochen und auf Eis wieder abkühlen.

Die Mieral-Barbarie-Ente auslösen. Die Keulen schmoren, die Brüste mit dem Sud vakuumieren und 48 Stunden marinieren. Die Entenbrust mit dem Fond bei etwa 58–60 °C in einem Wasserbad rosa pochieren (Sous vide).

Für die Thai-Currypaste Pfefferkörner, Koriandersamen und Kreuzkümmel in einem Mixer fein zermahlen. Chilischoten, Schalotten, Knoblauch, Ingwer, Zitronengras, Limonenblätter, Koriander, und Meersalz dazugeben und erneut mixen. Mit Tamarindenpaste und Tomatenmark vollenden.

Tipp: Die hier nicht verwendete Paste in Eiswürfelformen füllen und gut abgedeckt einfrieren. Wenn sie gefroren ist, in eine wieder verschließbare Dose geben, so dass die rote Currypaste keinen Gefrierbrand bekommen kann. Mit den gefrorenen Portionen kann man einfach Suppen oder Currys jeglicher Art verfeinern.

Für den Thai-Curryschaum das Sesamöl in einem Topf bei mittlerer Hitze erwärmen. Schalotten, Zitronengras, rote Chili und Ingwer darin farblos anschwitzen. Mit weißem Portwein ablöschen und die Kokosmilch zugeben. Die Sauce aufkochen und nach Geschmack rote Thai-Currypaste hinzugeben und mit Salz und Zucker abschmecken. Dann die Sauce durch ein feines Sieb passieren, Lecite zugeben und mit einem Pürierstab mixen. Schaum abschöpfen.

Für das Kang-Kung-Gemüse die Palmenherzen-Blätter in Erdnussöl farblos anschwitzen, Kang Kung dazugeben und mit Geflügelbrühe ablöschen. Mit Koriandersamen und Fischsauce abschmecken. Zum Schluss die Cashewkerne hinzugeben.

Für die Frühlingsrollen Schalotten, Rettich, Karotten, Lauch und Sellerie farblos anschwitzen. Ingwer, Knoblauch und Zitronengras zugeben, Ananaspüree, Ananasstreifen und die Hälfte vom geschmorten Entenkeulenfleisch unterheben und kurz aufkochen. Mit Mumbai-Curry, Chilisauce, Salz und Pfeffer abschmecken.

Frühlingsrollenteig auslegen und mit Eiweiß bepinseln. Die Füllung darauf verteilen und schöne kleine Rollen drehen. Im Wok in ca. 160 °C heißem Pflanzenöl ausbacken.

Nach Belieben anrichten.

Palmenherz

(lat. Cocos nucifera)

Ursprung: Südostasien, Tropen

Beschreibung: Als Palmenherz bezeichnet man das essbare Mark der jungen Triebe am oberen Ende der Palme. Palmenherzen werden aus verschiedenen Palmenarten gewonnen, wobei die schmackhafteste angeblich von der Kokospalme stammt. Da bei der Markgewinnung die ganze Palme stirbt, ist der Genuss von Palmenherzen ein seltenes und fragwürdiges Vergnügen. Aus zwei Palmen wird ungefähr ein Kilo Palmenherz gewonnen. Palmenherzen sind sehr zart und haben einen intensiv nussartigen Geschmack

Kulinarisches: Palmenherzen werden oft in Salaten, wie Avocado- oder Garnelen-Salat, verwendet. Aber auch als Fingerfood mit Schinken umwickelt kommt das Aroma der Palmenherzen zur Geltung. Gekocht werden Palmenherzen eher selten, da sie an Aroma verlieren.

PALMENHERZ

Knollige Kapuzinerkresse oder Cubio

(lat. Tropaeolum tuberosum)

Ursprung: Südamerika (Zentral-Anden), vor allem aus Peru, Bolivien, Kolumbien und Ecuador, heute auch Asien

Beschreibung: Cubio oder Mashua, wie sie auch genannt werden, sind stärkehaltige Knollen. Sie gehören neben Kartoffeln und Ibia zu den wichtigsten Nahrungsmitteln der Andenregion. Mashua besitzt den Vorteil relativ hoher Ertragszahlen, ist einfach zu kultivieren und frostresistent. Bei der Pflanze handelt es sich um ein einjähriges Kletterkraut, das zu der rund 100 Gattungen umfassenden Familie der Kapuzinerkressen (Tropaeolaceae) zählt. Die Blätter der Pflanze sind rundlich gelappt. Mit ihren dünnen Trieben kann sich die knollige Kapuzinerkresse an andere Pflanzen anheften. Die Blüten sind optisch sehr schön trichterförmig ausgebildet, ihr Farbspektrum reicht von einem kräftigen Gelb bis zu orange und scharlachrot. Die Knollen werden unterirdisch als Verdickungen am Ende des Wurzelwerks ausgebildet. Sie können von weiß über gelb bis rötlich und violett gefärbt und oft gestreift erscheinen. Ihre Form ist unregelmäßig, lang gestreckt und an mehreren Stellen eingeschnürt. Das innere Fleisch der Knolle ist gelblich.

Kulinarisches: Mashua ist in der Andenregion ein wertvolles Nahrungsmittel. Die Knollen sind reich an Eiweiß, Kohlenhydraten, Carotinoiden, Aminosäuren und Vitamin C. Sie enthalten Senföle, die ihnen in rohem Zustand einen leicht scharfen, pfeffrigen Geschmack verleihen, der mit dem von Radieschen vergleichbar ist. Gekocht schmecken sie milder, fast süßlich. In weiten Teilen der Anbauregion werden die Knollen für Schmorgerichte, zusammen mit Fleisch, Gemüse, Kartoffeln und Mais verwendet.

CUBIO

Wasabi

(lat. Wasabia japonica)

Ursprung: Japan

Beschreibung: Wasabi ist eine Pflanze, deren Wurzelstock als scharfes Gewürz dient und dabei in der Schärfe der des Meerrettichs ähnlich ist. Sie wird, botanisch unzutreffend, auch „Japanischer Meerrettich" genannt. Wasabi ist in drei Formen erhältlich: Frisch als Wurzelstock, als Pulver und als Paste.

Kulinarisches: Wasabi wird traditionell zu Sushi und Sashimi gereicht. Aber auch zu Salatsaucen und Vinaigrettes passt die angenehme Schärfe. Emeril Lagasse hat es vorgemacht: Kartoffelpüree mit Wasabi verfeinert passt sensationell zu gegrilltem Fisch.

Rezept für ca. 4 Personen

Label-Rouge-Lachs:
3 EL Erdnussöl
4 Label-Rouge-Lachstranchen
(je ca. 100–120 g)
Salz
Sanchopfeffer (japanischer Bergpfeffer)
4 Thymianzweige
1 EL Butter

Sojasaucenschaum:
3 TL Erdnussöl
1 Schalotte, in Streifen geschnitten
12 Kaffir-Limonenblätter, fein geschnitten
25 g Ingwer, ohne Schale gewürfelt
40 ml weißer Portwein
250 ml Kokosmilch, ungesüßt
1–3 EL Erdnussbutter
Salz, Zucker nach Geschmack
20–40 ml Kikkoman-Sojasauce (je nach Geschmack)

Asiatisches Gemüse:
3 EL Erdnussöl
4 EL Karotten, in Streifen geschnitten
3 EL Sojasprossen
2 EL Mini-Mais, in Streifen geschnitten
3–4 EL Pflaumensauce
2–3 EL Sweet Chilisauce
1 EL Kikkoman-Sojasauce

Wasabi-Risotto:
2 EL Olivenöl
1 Schalotte, in feine Würfel geschnitten
120 g Risottoreis
300–500 ml heller kräftiger Geflügelfond
3 TL Meerrettich aus dem Glas
100 g Butterwürfel, kalt
25 g Parmesan, gerieben
2–4 EL Wasabipaste

Für den Label-Rouge-Lachs Erdnussöl in einer Pfanne erhitzen. Label-Rouge-Lachstranchen mit Salz und Pfeffer würzen und mit der Grätenseite in die Pfanne legen. Nun den Thymian und die Butter hinzugeben. Dann für ca. 7–12 Minuten die Pfanne in den auf 130 °C vorgeheizten Heißluftofen schieben.

Für den Sojasaucenschaum das Erdnussöl in einem Topf bei mittlerer Hitze erwärmen, Schalotten, Kaffir-Limonenblätter und Ingwer darin farblos anschwitzen. Nun mit weißem Portwein ablöschen und die Kokosmilch hinzugeben, dann die Flüssigkeit aufkochen und abgedeckt ca. 30–45 Minuten ziehen lassen. Nun den Saucenansatz durch ein feines Sieb laufen lassen und abermals aufkochen und mit Erdnussbutter, Salz und etwas Zucker verfeinern. Zum Schluss die Sauce mit Kikkoman-Sojasauce je nach Belieben abschmecken.

Für das Gemüse Erdnussöl in einer Pfanne erhitzen. Dann das Gemüse darin anschwitzen und mit Pflaumensauce, Sweet Chilisauce und Kikkomann-Sojasauce abschmecken.

Für das Risotto Schalottenwürfel und Risottoreis in Olivenöl farblos anschwitzen. Nun Geflügelfond nach und nach hinzugeben. Dabei sollte der Risottoreis bei schwacher Hitze ca. 15–25 Minuten quellen. Wenn der Risottoreis den gewünschten Biss hat, wird er mit Meerrettich, Butter, Parmasan und Wasabipaste vollendet.

Wie abgebildet anrichten.

LABEL-ROUGE-LACHS MIT SOJASAUCEN-SCHAUM, ASIATISCHEM GEMÜSE UND WASABI-RISOTTO

MICHAEL KREILING

Rezept für 6 Personen

Lachsrolle:
650 g frischer Lachs
5 g Wasabi
3 g Salz
5 g Pfeffer
35 g Karotten, in Julienne geschnitten
35 g Lauch, in Julienne geschnitten
70 g gelbe Zucchini, in Julienne geschnitten
70 g grüne Zucchini, in Julienne geschnitten
6 Nori-Blätter

Tempurateig:
1 g Safran
100 ml Sake
400 g Tempuramehl
70 g Eiswürfel
60 ml Zitronen-Sojasauce
Fett zum Ausbacken

Couscous:
125 g feiner Couscous
80 g Schalotten
40 g Karotten
40 g Sellerieknollen
35 g Lauch
10 ml Pflanzenöl
10 ml Sesamöl
35 g Pistazien
40 g Pinienkerne
50 ml Sake
20 ml Reisessig
200 ml Hühnerbrühe
10 g Minze

Sauce:
140 g Pattaya-Mango, extra süß
60 g rote Zwiebeln
400 ml süßsaure Chilisauce
60 g Thai-Schnittlauch, fein geschnitten

Den Lachs entschuppen, waschen, filetieren und die Gräten entfernen. Die Haut mit einem Filetiermesser lösen. Den Lachs in ca. 10 cm große Stücke schneiden und im Froster halb anfrieren. Auf einer Aufschnittmaschine in dünne Scheiben schneiden, mit Wasabi, Salz und Pfeffer würzen.

Das geputzte Gemüse in Salzwasser blanchieren, in Eiswasser abschrecken, auf ein Tuch geben und trocknen lassen. Die Nori-Blätter auf eine Sushi-Matte geben und das Gemüse darin einrollen. Danach die Lachsscheiben um die Gemüserollen wickeln und durch Tempurateig ziehen, in Fett schwimmend ausbacken.

Für den Tempurateig Safran zum Sake geben und kurz stehen lassen. Tempuramehl in eine Schüssel geben, Eiswürfel hinzufügen und mit Sake-Safran-Mischung und Zitronen-Sojasauce anrühren.

Für den Couscous das Gemüse putzen und in kleine feine Würfel schneiden. In einem Topf die Öle erhitzen,

die klein gehackten Pistazien und Pinienkerne mit dem Gemüse leicht anschwitzen, mit Sake und Reisessig ablöschen, mit Hühnerbrühe auffüllen, aufkochen lassen. Couscous in einen Behälter geben, die Brühe darübergießen, durchrühren, abdecken und 10 Minuten ziehen lassen. Sobald er abgekühlt ist und vor dem Servieren in feine Streifen geschnittene Minze hinzugeben. Für die Sauce Mango und Zwiebeln schälen und in feine Würfel schneiden. In einer Schüssel mit der süßsauren Chilisauce vermengen. Den Thai-Schnittlauch dazugeben und im Kühlschrank ca. 1 Stunde ziehen lassen. Nach Belieben auf Tellern anrichten.

LACHS UND GEMÜSE-TEMPURA MIT SAFRAN-TABOULEH AN EINER PIKANTEN ASIATISCHEN SAUCE

OLAF NIEMEIER

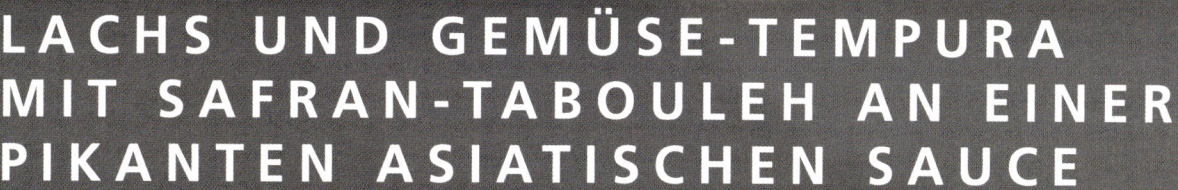

Knolliger Sauerklee oder **Ibia** (lat. Oxalis tuberosa)

Ursprung: Südamerika, am häufigsten in Kolumbien und Peru. Heute auch in Asien, Neuseeland und Europa verbreitet.

Beschreibung: Der Knollige Sauerklee ist die unterirdisch wachsende Knolle einer südamerikanischen Pflanze aus der Ampherfamilie. Das Farbspektrum der Knollen reicht von Gelb über Rot bis Violett und wird durch einen Pflanzenfarbstoff erzeugt, der zu den Anthocyaniden gehört. Je nach Sorte können die fleischigen Knollen rund oder lang gestreckt ausgebildet sein. Die runden Sorten erinnern an kleine Kartoffeln und werden zum Teil etwas größer als Walnüsse.

Kulinarisches: Die einzelnen Sorten des Knolligen Sauerklees unterscheiden sich nicht nur optisch, sondern auch geschmacklich voneinander: Je nach Stärkegehalt sind die kleinen Knollen mehliger oder saftiger. Geschmacklich haben alle Sorten einen leicht säuerlichen Anklang, der von den geringen Mengen Oxalsäure herrührt, den sie enthalten. In Bolivien und Peru werden die Knollen meist in Pfannen- und Schmorgerichten oder für Suppen verwendet. Die Knollen sind darüber hinaus reich an Vitamin C und werden auch in Form von Salaten zubereitet.

IBIA

Lotoswurzel

(lat. Nelumbo nucifera)

Ursprung: Asien

Beschreibung: Der Wurzelstock der Lotosblume ist von Längskammern durchzogen. Der Geschmack der Lotoswurzel ist dem der Kartoffel ähnlich, mild und dabei etwas süßlich mit einer knusprigen Textur. In Scheiben geschnitten ist die Lotoswurzel auf Grund der Längskammern ebenfalls ein optischer Leckerbissen.

Kulinarisches: Die Lotoswurzel muss vor der Zubereitung geschält werden, dann wird sie üblicherweise in Scheiben geschnitten und kann dann gekocht, gebacken oder geschmort werden. In Japan wird die Wurzel vor allem zu Neujahr kandiert oder in Zitronensaft mariniert gegessen. Sie eignet sich für Suppen, vegetarische Gerichte und auch süße Speisen. Frische Knollen können auch roh, beispielsweise in Salaten, verzehrt werden.

Lotosfrucht

Die Samen der Lotusfrüchte werden als Snack zum Knabbern verwendet.

LOTOSWURZEL

BÄRENKREBS, LOTOSWURZELESSENZ, GALANGAWURZEL, GALADIUM COLOCASISTALK

MICHAEL KREILING

Rezept für ca. 4 Personen

4 Bärenkrebsschwänze, ohne Schale

Lotoswurzelessenz:
1,5 l Geflügelessenz
300 g Lotoswurzel, geschält und klein geschnitten
3 Stangen Zitronengras, zerdrückt
2 Limonenblätter, geschnitten
50 g Galangawurzel
2–4 rote Chilischoten, getrocknet und gerieben
2 TL Palmzucker
3 Blätter Kombu Royal (Braunalge)
5 Shiitake-Pilze, getrocknet
3 g Bonitoflocken
75 ml Sojasauce

Einlage:
6 Straw Mushrooms (Strohpilze), halbiert
12 Scheiben rote Chilischote
1 Strauch Praew-Blätter (vietnamesischer Koriander)
12 Scheiben Lotoswurzel
12 Scheiben Galadium Colocasistalk

Die Geflügelessenz aufkochen, dann Lotoswurzel, Zitronengras, Limonenblätter, Galangawurzel, Chilischoten, Palmzucker, Kombu-Royal-Blätter, getrocknete Shiitake-Pilze und Bonitoflocken zugeben und nochmals aufkochen lassen. Anschließend wie einen Tee 45–60 Minuten ziehen lassen. Dann durch ein feines Sieb passieren und mit Sojasauce verfeinern. Die Bärenkrebsschwänze in etwas Lotoswurzelessenz glasig ziehen lassen. Straw Mushrooms, Chilischote, Praew-Blätter, Lotoswurzel und Galadium Colocasistalk in tiefe Teller verteilen, je einen Bärenkrebs darauf anrichten und mit Lotoswurzelessenz aufgießen.

Kurkuma

(lat. Curcumalonga)

Ursprung: Südasien

Beschreibung: Die Kurkumaknolle wird getrocknet und gemahlen vor allem als Färbemittel genutzt, beispielsweise für Currypulver, dem es die gelbe Farbe verleiht. In der westlichen Küche dient Kurkuma oft als günstiger Safranersatz, obwohl er auf Grund des fehlenden Safranaromas dafür vollkommen ungeeignet ist. In Südostasien, vor allem in der thailändischen Küche, ist die Verwendung der frischen geriebenen Knolle verbreitet, welche einen herben, leicht brennenden Geschmack hat.

In Indien und im Rest der Welt wird Kurkuma meist als Pulver verwendet. Getrocknet schmeckt Kurkuma mildwürzig und etwas bitter.

Kulinarisches: In Indien verfeinert Kurkumapulver gekochte Hülsenfrüchte sowie Kartoffel- oder Reisgerichte. In Thailand wird die geriebene Knolle Currygerichten, besonders Fischcurrys, zugefügt. Bei der Verarbeitung der frischen Knolle sollten sicherheitshalber Handschuhe getragen werden.

Ingwer

(lat. Zingiber officinale)

Ursprung: Ingwer ist eine Pflanzenart aus der Familie der Ingwergewächse und stammt aus den tropischen Regionen Asiens und Australiens. Interessant an dieser Pflanze sind in erster Linie die Rhizome, das sind die Wurzelknollen der Pflanze, sie werden in Küche und Arznei verwendet.

Beschreibung: Ingwer hat einen angenehm feinaromatischen Duft und erinnert an Zitrone. Seine feine Schärfe macht sich je nach Herkunft auf der Zungenspitze oder im gesamten Mundraum bemerkbar. Je später Ingwer geerntet wird, desto höher ist der Anteil an ätherischem Öl, Aromastoffen sowie Gingerol, eine scharf-aromatische Substanz.

Kulinarisches: Ingwer ist mittlerweile als Gewürz aus der Küche kaum mehr wegzudenken. Die frischen Knollen werden gerieben zum Würzen von Suppen oder Saucen verwendet, das feine Aroma der Wurzelknolle passt aber auch gut zu Geflügel, Lammfleisch, Fisch und Meeresfrüchten. Dabei kann man den Ingwer nach Belieben pur oder in Gewürzmischungen verwenden. Auch Süßspeisen werden mit Ingwer verfeinert, eine sehr bekannte Süßigkeit sind gelierte Ingwerstäbchen. Aus Japan stammt der fein gehobelte und in Essig eingelegte Ingwer, der zum Sushi oder zwischen verschiedenen Sushi-Gängen gegessen wird.

KARAMELLISIERTE SEETEUFELSTEAKS AUF EINEM RAGOUT VON INDISCHEN WEISSEN LINSEN MIT MASALA-KARTOFFELN UND INGWER-PESTO

OLAF NIEMEIER

Rezept für 6 Personen

1,1 kg Seeteufelfilets

15 g Himalaya-Salz

Pfeffer, Albaöl

100 g Zucker

200 ml Weißwein

10 g grüner indischer Pfeffer

480 g La-Ratte-Kartoffeln

20 g Ghee (geklärte Butter)

5 g Salz

10 g Garam Masala

Linsenragout:

350 g Urid Dal (geschälte weiße Linsen)

200 g gelbe Linsen

15 g Knoblauchpüree

30 g Ingwerpüree

80 g Tomatenmark

6 g Methi (Bockshornklee-Blätter)

30 g Ghee

6 g Elaichi (grüner Kardamom)

2 g Macis (ganze Muskatblüte)

60 ml Sahne

35 g kleine Thai-Chili, püriert

20 g Garam Masala

400 g Tomaten, gewürfelt

550 ml Hühnerbrühe

30 g Salz

10 g Pfeffer

Ingwer-Pesto:

40 g Korianderblätter

25 g Basilikumblätter

3 g Knoblauch, gewürfelt

40 g Ingwer, gewürfelt

25 g Pinienkerne

3 g Chili

75 ml Albaöl

35 g Parmesan

3 ml Limettensaft

Für das Linsenragout die schwarzen und gelben Linsen separat in reichlich kaltem Wasser etwa 2 Stunden einweichen lassen. Das Wasser abschütten, die Linsen in Salzwasser geben und einmal aufkochen lassen. Das Wasser wieder abgießen. Die Linsen zusammen mit den restlichen Zutaten aufsetzen und bei niedriger Hitze ca. 5 Stunden köcheln lassen. Mit Salz und Pfeffer abschmecken.

Die Kartoffen in Salzwasser kochen, abgießen und erkalten lassen. Anschließend halbieren, in Ghee, Salz und Garam Masala anschwenken.

Für das Ingwer Pesto Koriander und Basilikum kurz in Salzwasser blanchieren und sofort in Eiswasser geben. Mit den restlichen Zutaten außer Parmesan und Limettensaft mischen, auf kleiner Stufe pürieren und nach und nach etwas Öl hinzugeben. Mit Parmesan und Limettensaft abschmecken.

Die Seeteufel-Filets in ca. 90 g schwere Medaillons schneiden, mit Salz und Pfeffer würzen. In einer Pfanne das Albaöl erhitzen, die Filets anbraten, den Zucker dazugeben, karamellisieren lassen, mit Weißwein ablöschen und 3 Minuten garen lassen.

Das Linsenragout auf den Seeteufelmedallions anrichten, mit Kartoffelnscheiben und Ingwerpesto servieren.

GALANGA

Galanga

(lat. Kaempferia galanga)

Ursprung: Die Galanga, auch Thai-Ingwer oder Gewürzlilie genannt, ist in Indien heimisch. Die Gewürzlilie, deren Name sowohl die botanische Pflanze als auch die häufig verwendeten Rhizome meint, stammt aus der Familie der Ingwergewächse.

Beschreibung: Die Gewürzlilie ist eine dunkelgrüne, krautige Pflanze mit glatten, großen Blättern. Unter der Erde bildet sie Rhizome, Wurzelknollen, aus. Diese sehen der Ingwerknolle sehr ähnlich und erinnern aufgrund ihrer Fortsätze an Zitronengras. Der Geruch der Rhizome ist frisch mit einem Hauch von Zitrusfrucht. Ihr Geschmack ist sehr scharf.

Kulinarisches: Wie auch beim Ingwer werden die Rhizome zur Zubereitung von Speisen und in der Medizin verwendet. Dazu trocknet man das Rhizom und schneidet es in Scheiben, die man zum Essen als Würze reicht. Aus dem weißen Fleisch der Wurzelknolle werden auch Pasten oder Würzsaucen hergestellt, Galanga ist häufig Bestandteil in Currypasten.

GROSSER GALGANT

Großer Galgant oder **Galangawurzel**
(lat. Alpinia galanga)
Ursprung: Südostasien

Beschreibung: Der Große Galgant ist in Asien ein weit verbreitetes Gewürz. Hierbei handelt es sich um ein unterirdisches Rhizom einer Pflanze aus der Familie der Ingwergewächse (Zingiberaceae), das manchmal auch Thai-Ingwer oder Siamesischer Ingwer genannt wird. Überirdisch kann die Pflanze eine Höhe von bis zu zwei Metern erreichen, bildet weiße Blüten und rotbraune Früchte aus. Nur die Wurzeln der Pflanze werden kulinarisch genutzt: Sie erinnern optisch an Ingwer. Ihre Farbe variiert von cremefarben bis leicht violett, unter Umständen sind grünliche Triebe vorhanden.

Kulinarisches: Galgant ist etwas herber als Ingwer. Sein Geschmack ist scharf und erinnert ein wenig an Eukalyptus, Pinie, Nelken und Kampher. Im Gegensatz zum Ingwer schmeckt Galgant nicht zitronig. In Thailand und anderen Ländern Südostasiens ist Galgant oft ein Bestandteil von Würzpasten. Wie Ingwer wird Galgant roh verwendet. Die Knolle wird vor der Verwendung geschält und geraspelt, gehackt oder gestampft. Sie ist in ihrer Struktur härter als Ingwer, daher müssen Schneidegeräte sehr scharf sein und einiger Kraftaufwand aufgebracht werden, um das Rhizom zu zerkleinern.

Galgant wird auch geschnitten und eingelegt in asiatischen Lebensmittelgeschäften verkauft. Bei der Herstellung von Gewürzpasten ist eingelegter Galgant milder im Geschmack und schonender für elektrische Mixgeräte. Das Gewürz ist, wie Ingwer, auch in Pulverform erhältlich, geschmacklich dann aber nicht mit frischem Galgant vergleichbar.

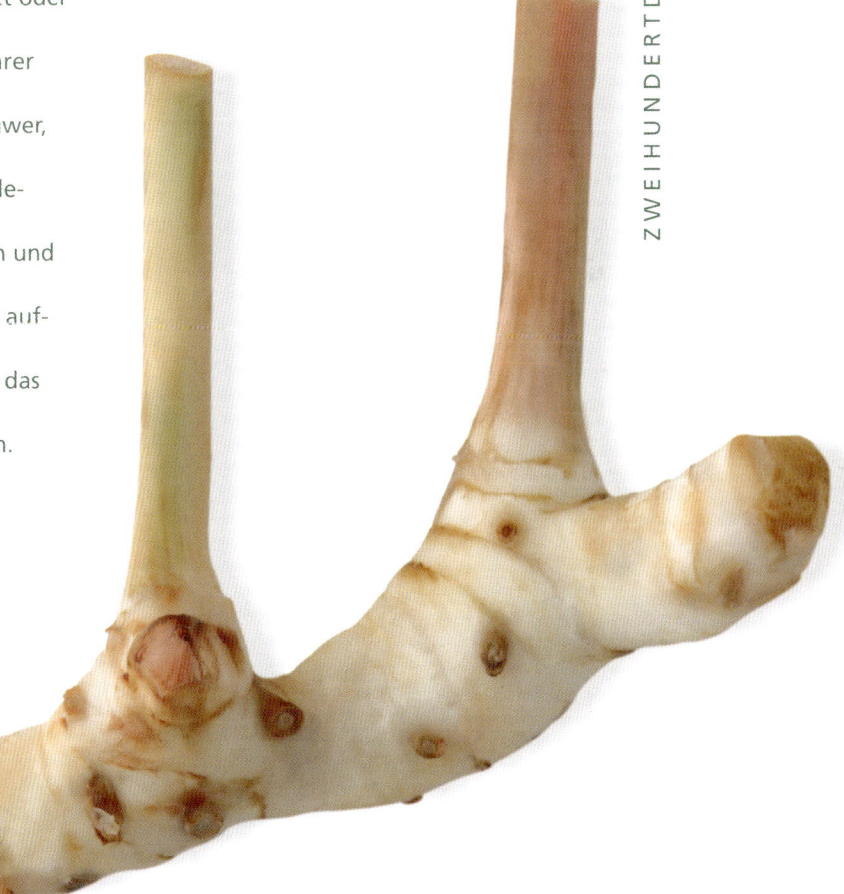

Wasserkastanien

(lat. Eleocharis dulcis)

Ursprung: China

Beschreibung: Trotz ihres Namens, ihres Aussehens und des leicht nussigen Geschmacks ist die Wasserkastanie nicht mit der Kastanie verwandt. Die Wasserkastanie ist eine aquatisch lebende Pflanze, an deren Wurzeln sich bis zu 4 cm große Knollen bilden. Diese Knollen sind essbar. Sie besitzen einen Wasseranteil von 80%, haben einen süßlichen Geschmack und eine braune Schale, die wie beim Apfel geschält wird. Da die Wasserkastanie auch nach längerer Kochzeit ihre knackige Konsistenz nicht verliert, eignet sie sich hervorragend zum Kochen.

Kulinarisches: In China wird die Wasserkastanie aufgrund ihres süßen Aromas meist für Desserts verwendet. Aber auch für herzhafte Gerichte, vor allem in der asiatischen Küche, ist die Wasserkastanie eine beliebte Zutat. Eine Spezialität in der Region von Kanton ist Dim Sum, Teigtaschen, die im Wasserdampf gegart werden. Als Füllung wird gerne ein Püree aus Wasserkastanien verwendet.

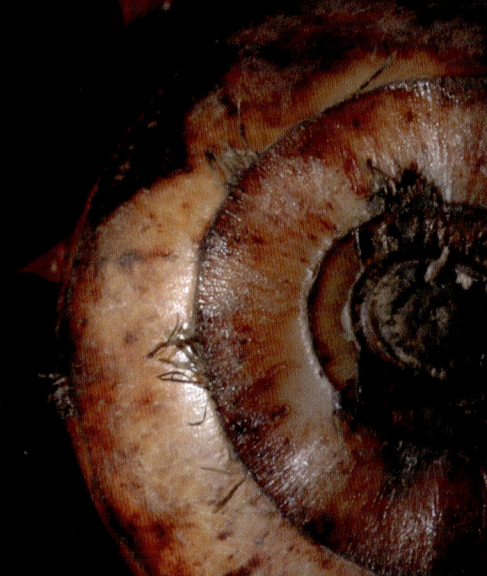

Tarowurzel

(lat. Colocusia esculenta)

Ursprung: Indien, Südostasien

Beschreibung: Die Tarowurzel, auch Wasserwurzel genannt, ist eine Knolle, die an den Wurzeln des Tarobusches wächst. Die besonders stärkehaltige Wurzel ist reich an Pro-Vitamin A und Vitamin C. Zudem enthält sie schleimhautreizende Kristalle, die ein Kratzen in Hals und Mund und auch Verdauungsstörungen verursachen können. Im rohen Zustand ist die Tarowurzel ungenießbar. Vor dem Verzehr sollte sie daher zweimal in frischem Wasser abgekocht werden, da sich die Stoffe beim Kochen lösen und ins Wasser übergehen.

Kulinarisches: Zubereitet und verzehrt wird die Tarowurzel wie die Kartoffel. Nach dem Abkochen kann sie gegrillt, gebacken oder frittiert werden. Die Knollen dienen zudem der Stärkegewinnung, zum Binden von Suppen oder zum Backen von Brot und Gebäck. Durch den hohen Stärkeanteil lässt sich aus der Tarowurzel ausgezeichnet Alkohol erzeugen. In Afrika wird daraus „LotosFufu" und auf Hawaii „Poi" hergestellt.

根水 TAROWURZEL

ARROWHEAD ODER CHINESISCHE KARTOFFEL

234 / 235

ZWEIHUNDERTVIERUNDDREISSIG / ZWEIHUNDERTFÜNFUNDDREISSIG

Pfeilwurzeln oder Arrow Roots

Eigentlich ein Sammelbegriff für eine ganze Reihe von Pflanzenknollen, die gekocht, gebraten oder zu Mehl verarbeitet werden. Das Mehl dient vorwiegend als Dickungsmittel und wird in Puddings, Jellies, Saucen und Suppen verwendet. Unter Zuhilfenahme des feinen weißen Puders lassen sich auch klare Fruchtgelees herstellen. Als Bestandteil von Eis sorgt es für eine cremige Konsistenz. Ebenso stellt man Nudeln aus dem Mehl her und verbackt es in Kuchen und Keksen. Pfeilwurzelmehl wird im Prinzip wie Kartoffelstärke verarbeitet, also als Dickungsmittel kalt angerührt. Es hat kaum Eigengeschmack und ist glutenfrei.

Pfeilwurzeln kommen weltweit vor und werden schon seit 7.000 Jahren in der Küche verwendet.

Zur Gruppe der Knollen zählt man die Arrowhead oder Chinesische Kartoffel (Abb. links). Die Knolle wird geschält und anschließend gekocht oder gebraten. Der Geschmack ist leicht süßlich, etwas blumig.

Die größere, längliche Cassava, Maniok, essbare Pfeilwurzel, Tapioka oder Yucca stammt ursprünglich aus Mittel- und Südamerika, wird aber heute rund um den Globus angebaut, da die Pflanze hohe Erträge liefert.

Die stärkemehlreichen Knollen des Wolfsmilchgewächses sind im rohen Zustand giftig. Die Ureinwohner Amerikas entwickelten die Aufbereitung als Nahrungsmittel. Die Knollen werden geschält, zerraspelt und einige Tage eingeweicht. Danach presst man die Masse und röstet sie. Die feinen Reste in der Presse ergeben das Maniokmehl, das wie Weizenmehl eingesetzt wird.

Zur Gruppe der Pfeilwurzeln werden auch Topinambur, Yambohne, Tarowurzel und Wasserkastanie gezählt.

MANIOK

YAMWURZEL

Yamwurzel

(lat. Dioscorea)

Ursprung: Tropen

Beschreibung: Streng genommen gehören nur solche Wurzeln zu den Yams, die der botanischen Familie der Dioscorea angehören. Dennoch wird im Handel die Bezeichnung „Yam" oft als eine Art Obergruppe für alle möglichen Stärkeknollen verwendet. Es kann sein, dass auch andere Wurzeln, wie die Süßkartoffel oder die Taroknolle, unter diesem Namen angeboten werden. Fast alle Yamwurzeln stammen aus den Tropen. Sie kommen in vielen verschiedenen Erscheinungsbildern, Größen und Farben vor. Die asiatische Yamwurzel kann ein Gewicht von bis zu 45 kg erreichen. Gemein ist ihnen ein stärkereiches, in gegartem Zustand weiches, nahrhaftes Fruchtfleisch.

Kulinarisches: Yamwurzeln haben keinen ausgeprägten Eigengeschmack. In vielen tropischen und subtropischen Ländern werden diese Stärkeknollen für süße wie auch für herzhafte Gerichte verwendet. Unter anderem auf den Philippinen werden Yamwurzeln auch zu der Herstellung von Kuchen und Gebäck verwendet. In Asien findet man Yamwurzeln oft in Currys, in denen sie die gleiche Funktion von Sättigung und Stärkebindung erfüllen wie Kartoffeln. Auch in der Verarbeitung sind diese Wurzeln den Kartoffeln ähnlich. Sie können gegrillt, gekocht und gedämpft werden, sie eignen sich zur Verwendung als Brei oder in Teigen und Massen.

YAMBOHNE

Yambohne

(lat. Pachyrhizus erosus)

Ursprung: Die auch Knollenbohne genannte Pflanze stammt ursprünglich aus Mexiko. Sie wird heute wegen ihrer Knollen (und Samen) aber auch in Afrika und Asien angebaut.

Beschreibung: Die Yambohne ist eine tropische, bis zu 5 m rankende Pflanze mit hohem Temperatur- und Wasserbedarf. Sie bildet bis zu 10 kg schwere Wurzelknollen aus, die ihr als Wasserspeicher dienen. Die Blüten entwickeln sich zu flachen, dicht behaarten Hülsenfrüchten, deren Samen mittlerweile vor allem in Afrika verwertet werden. Dabei gelten Hülsenfrüchte der ursprünglichen Variante als giftig.

Kulinarisches: In der asiatischen Küche wird die Knolle der Yambohne wie eine Art Kartoffel und ähnlich wie die Wasserkastanie verwendet. Sie ist weiß und bleibt auch beim Kochen schön knackig. Auch wird daraus ein Stärkemehl hergestellt, vergleichbar dem Pfeilwurzelmehl.

SOJA – DIE WUNDERBOHNE

Die Sojabohne (Glycine max) hat ihren Ursprung in Ostasien. Mittlerweile wird Soja nicht nur in den Ländern dieser Region auf vielfältige Art angebaut und verwendet. Deshalb wird Soja vor allem in der Lebensmittelindustrie als „Wunderbohne" bezeichnet. Die in diesem Zusammenhang bedenkliche Entwicklung in Bezug auf riesige Monokulturen im Sojaanbau, für die immer noch Regenwaldflächen verschwinden, wird nicht aufzuhalten sein. Denn es bleibt die Tatsache, dass man mit keiner anderen Pflanze einen derart hohen Ertrag an Eiweiß erreichen kann – im Hinblick auf die Ernährung der Menschheit sicher ein nicht unerheblicher Aspekt.

Traditionelle Sojaprodukte

In Japan, China, Korea und anderen asiatischen Ländern sind unzählige traditionelle Zubereitungen mit Soja bekannt, sei es für milch- oder käseähnliche Produkte wie Tofu oder eben für die in der asiatischen Küche nicht wegzudenkenden Sojasaucen. In Asien werden seit mehreren tausend Jahren Lebensmittel aus Soja konsumiert. Und die meisten haben ihren Ursprung in China. In den Familien wurde die Sojabohne nach alten Rezepten zu Sojamilch, Tofu, Tempeh, Sojasaucen oder Misos verarbeitet. Heute werden die meisten Produkte natürlich standardisiert und industriell hergestellt, es gibt aber immer noch handwerklich arbeitende Betriebe, die mit traditionellen Verfahren einmalige Qualitäten erzielen. Japan ist der größte Produzent solcher Sojaspezialitäten weltweit.

Für **Sojamilch** werden die ganzen gewaschenen Bohnen eine Nacht in Wasser eingeweicht. Am nächsten Tag werden sie gemahlen und wieder mit Wasser versetzt. Diese Masse wird aufgekocht, dann ausgepresst und auf ein Sieb gegeben. Dabei trennt sich die flüssige Sojamilch von den festen Bestandteilen. In der Sojamilch sind die wasserlöslichen Kohlenhydrate und Proteine und das Öl der Sojabohne enthalten. Im Rest sind die wasserunlöslichen Proteine und Ballaststoffe, die für Diätlebensmittel geeignet sind. In modernen Herstellungsverfahren werden für Sojamilch geschälte Bohnen verwendet. Mithilfe einer heißen Lauge werden den Bohnen Bitterstoffe entzogen und sie werden gebleicht. Dabei soll auch der störende „bohnige" Geschmack verschwinden.

In einer Zentrifuge trennen sich nach dem Mahlvorgang die unlöslichen Bestandteile von der Flüssigkeit, und die Milch wird homogenisiert. Diese Sojamilch hat eine der Kuhmilch vergleichbare Konsistenz und Nährstoffzusammensetzung, allerdings kaum Kalzium. Sie ist lactosefrei und cholesterinfrei.

Das wahrscheinlich beliebteste chinesische Sojaprodukt ist **Tofu**. Der Name ist allerdings japanisch und bezeichnet eigentlich nicht mehr als gestockte Sojamilch.
Die Herstellung erinnert an die Käsezubereitung.
In China wird traditionell Calciumsulfat (Mineralsalz) verwendet, um die Sojamilch zum Gerinnen zu bringen. Sie trennt sich in Molke und Bruch, und der Sojabruch wird gepresst, bis ein zusammenhängender Block entsteht. Tofu wird bei uns vakuumiert und pasteurisiert verkauft und muss gekühlt werden.
Eine beliebte Variante ist das **Seidentofu**. Hierfür wird Sojamilch mit Nigari (Gerinnungsmittel aus Meersalz) vermischt, versiegelt und anschließend erhitzt. Seidentofu hat eine joghurtähnliche Konsistenz und wird vor allem für Saucen, Dressings und Süßspeisen verwendet.

Als Universalwürzsaucen sind **Sojasaucen** heute weltweit etabliert. Die traditionelle Herstellung erinnert an das Keltern von Wein. Bei der Fermentation von Sojasauce bilden sich in langen Reifezeiten die Aromastoffe, die sich am besten in alten Holzfässern weiterentwickeln können. Leider werden heute die meisten handelsüblichen Sojasaucen ohne natürliche Gärung und mit verschiedenen Zusatzstoffen produziert. Der harmonische Geschmack handwerklich hergestellter Sojasaucen wird so kaum erreicht.

Shoyu ist eine traditionelle weizenhaltige Sojasauce, die aus ganzen Sojabohnen, Weizen, Meersalz und Wasser unter Zugabe des Edelschimmelpilzes Aspergillus oryzae hergestellt wird. Während der Fermentation dieser Starterkultur (Koji) zersetzen Milchsäurebakterien, Hefen und die Enzyme das Eiweiß und die Kohlenhydrate aus Sojabohne und Weizen – es entstehen aromatische Zucker, Alkohol, Aminosäuren und Fettsäuren. Es folgt eine Reife von bis zu 18 Monaten, idealerweise in großen Zedernholzfässern. Am Ende der Reifezeit wird die Sauce gepresst, gefiltert und pasteurisiert. Der Alkohol sorgt für die natürliche Konservierung. Shoyu sollte immer erst nach dem Kochen zugegeben werden, da das Aroma sonst verfliegt.

Tamari ist eine weizenfreie Sojasauce. Statt Weizen wird etwas Gerstenmehl verwendet, der Alkoholgehalt ist bei Tamari deshalb viel geringer. Zur Abrundung und Haltbarmachung kann etwas Reiswein zugegeben werden. Tamari bewahrt sein kräftiges Aroma auch beim Kochen.

Misos sind japanische Würzpasten für Suppen und Gemüsegerichte, die es in unzähligen Geschmacksvarianten gibt. Die traditionelle Herstellung funktioniert wie bei Tamari, allerdings bleiben im Miso die festen Bestandteile und das Öl enthalten. Ein japanischer Klassiker ist die bekannte Misosuppe: Milde, helle Misos wie Shiro Miso werden mit geschältem Reis nur wenige Wochen fermentiert. Je dunkler und kräftiger ein Miso ist, umso größer ist der Sojaanteil und entsprechend die Dauer der Fermentation.
Hatcho Miso ist ein reines Sojamiso und daher eher kräftig und salzig. Andere

Varianten sind Genmai Miso (aus Naturreis) und Mugi Miso (Gerste).

Ein traditionelles indonesisches Sojabohnenprodukt ist **Tempeh**. Bei der Herstellung werden die gekochten und geschälten Sojabohnen von einem Pilz (Rhizopus oligosporus) durchwachsen, und es entsteht ein zusammenhängendes Stück. Dieses ist mit einem weißen Edelschimmel überzogen. Der Geschmack von Tempeh ist mild, ein wenig nussig und erinnert an Champignons, und es kann auch ganz ähnlich wie diese verwendet werden. Tempeh enthält kein Salz und weist eine hohe Eiweißwertigkeit auf. Es wird in Tempeh wird in Scheiben gebraten oder frittiert und in Sojasauce getunkt.

Chinesisches Dorf

WÜRZSAUCEN

In der asiatischen Küche werden viele Gerichte durch pastenähnliche Würzsaucen unterschiedlichster Art verfeinert. Für die Saucen werden Kräuter, Gewürze, Käse, Nüsse, Oliven und Früchte zu einem Brei verarbeitet, häufig in einem Mörser. Die Würzsaucen werden sowohl in der Küche bei der Zubereitung als auch am Tisch zum Verfeinern und Abschmecken verschiedenster Gerichte eingesetzt – ähnlich wie auch Gewürze. Dazu zählen neben Saucen auch Chutneys und Dips aller Art.

Beliebte Würzsaucen
Austernsauce | Fischsauce | Garnelensauce | Sesam-Sojasauce | Ingwer-Knoblauch-Sauce | Sardellen-Dip | Süss-saure Sauce | Papaya-Minz-Sambal | Sojasauce | Kokosmilch und -creme | Reiswein | Miso | Wasabi | Chilisauce | Currypaste

Eine der beliebtesten Würzsaucen der asiatischen Küche ist die dunkelbraune, dickflüssige **Austernsauce**. Sie wird aus Austernextrakt gemischt mit Sojasauce und Gewürzen hergestellt. Häufig wird sie mit Maismehl und Zuckercouleur angereichert, eingedickt und gefärbt. Im Geschmack ist sie salzig, streng und hat ein leicht fischiges Aroma.

Fischsauce ist klar und dünnflüssig, im Geschmack sehr salzig. Sie wird aus Fisch, Garnelen, Wasser, Salz und Zucker hergestellt. Einem Gericht verleiht sie eine würzige Note, der Fischgeschmack tritt dabei nicht in den Vordergrund.

Sowohl zum Trinken als auch zum Würzen wird **Reiswein** verwendet. Reiswein, in Japan Sake genannt, der einen Alkoholgehalt von 14–17% hat, verleiht Gerichten eine süßliche Note und kann durch Sherry ersetzt werden.

Eine Mischung aus Sojasauce, Mirin (süßem Reiswein), getrockneten Bonitoflocken und gerösteten Sesamsamen ergibt eine würzige **Sesam-Sojasauce**. Sie passt hervorragend zu Gerichten aus dem Feuertopf oder zum Dippen von Speisen aller Art – wie z.B. Reispapierrollen, Dim Sum etc.

Miso ist eine breiige Paste, die aus Sojabohnen sowie Getreide zubereitet wird. Die über mehrere Monate in Holzfässern gelagerte und gereifte Paste verleiht jedem Gericht eine exotisch-erdige Note. Dabei gilt der Merksatz: je dunkler die Paste, desto intensiver die Würze.

Aus dem japanischen grünen Meerrettich wird **Wasabipaste oder -pulver** hergestellt. Diese sehr scharfe Würze sollte unbedingt verdünnt werden, entweder mit Wasser oder Sojasauce. Sojasauce gibt es in vielen verschiedenen Farbschattierungen und ebenso vielen Geschmacksrichtungen. Aus fermentierten Sojabohnen, Wasser, Getreide und Salz hergestellt wird sie als allgemeines Würzmittel verwendet. Helle Saucen sind in der Regel salzig und flüssig und verleihen einem Gericht eine salzige Note. Dunkle Saucen dagegen werden leicht zähflüssig und haben oft einen süßlichen Geschmack.

Aus Kokosnüssen wird die **Kokosmilch oder -creme** gewonnen. Kokosmilch sollte vor der Verwendung immer gut geschüttelt werden, da sich ein flüssiger, klarer Teil von der milchigweißen Creme absetzt. Kokosmilch ist sofort einsatzfähig, Kokoscreme oder Kokosfett muss vor dem Verwenden geschmolzen oder in Wasser gelöst werden. Das milde, fette Aroma der Kokosnuss verleiht einem Gericht eine exotische Note.

Ein fruchtiger Begleiter zu Feuertopf-Gerichten ist eine Mischung aus **Papaya**, Minze und Chili. Die klein gewürfelte Papaya mit frischer Minze, Zwiebel, Chilischote und Knoblauch vermengen und mit Zitronensaft durchziehen lassen. Passt zu Fisch, Geflügel und Fleisch.

Rezept für ca. 4 Personen

Rinderfilet in Soja-Knoblauchmarinade:
1–2 EL Sesamöl
100 g Schalotten
100 g Knoblauch
100 g Zucker
100 ml Mirin
50 ml Sake
200 ml Kikkoman-Sojasauce
600 g Rinderfilet (am besten ein Mittelstück, von Fett und Sehnen befreit)

2 EL Olivenöl
Bindfaden
Pfeffer aus der Mühle
30 g Butter
2 Thymianzweige
1 EL Knoblauch, fein gehackt

Gewürzjus:
1 EL Pflanzenöl
2 Schalotten, in Streifen geschnitten
1 Stange Zitronengras, klein geschnitten
1 rote Chilischote, mit Kernen (dann schärfer) geschnitten
15 g Ingwer, gewürfelt
1 TL Jaipur-Curry
100 ml roter Portwein
250 ml Rinderjus
1 EL Akazienhonig

Scharfer Chinakohl:
250 g Chinakohl
1 EL Erdnussöl
60 g rote Zwiebeln, in Streifen geschnitten
1 EL Ingwer, frisch gerieben
1 1/2 EL Knoblauch, fein gehackt
2 rote Chilischoten
80 g rote Paprikaschote, in Streifen geschnitten
1 1/2 EL Reiswein
1 EL dunkle Sojasauce
1 EL helle Sojasauce
2–3 EL Chilisauce
100 ml Geflügelfond
1–2 TL Zucker
Pfeffer
1 EL Sesamöl

Basmati-Reistaler:
2 EL Olivenöl
50 g Schalottenwürfel
200 g Basmati-Reis, gut gewaschen
2 1/2 EL Kurkuma
2–3 EL Jaipur-Curry
400 ml Geflügelfond

RINDERFILET, SOJA-KNOBLAUCH-MARINADE, SCHARFER CHINAKOHL, BASMATI-REISTALER

MICHAEL KREILING

2 Volleier

80 g Panko

25 g Parmesan, gerieben

1 1/2 rote Chilischoten, gewürfelt

3 EL Korianderblätter, fein geschnitten

Pfeffer und evtl. Salz

3–4 EL Rapsöl

Thymian und Knoblauch

Sesamöl in einem Topf erhitzen. Schalotten und Knoblauch darin farblos anschwitzen. Zucker hinzugeben und mit Mirin ablöschen. Nun Sake und die Kikkoman-Sojasauce dazugeben und alle Zutaten einmal aufkochen und dann kalt stellen. Wenn die Marinade kalt ist, das Rinderfilet über Nacht darin einlegen.

Das Rinderfilet aus der Marinade nehmen und mit einem Küchentuch abtupfen. Olivenöl in einer Pfanne erhitzen, das Rinderfilet binden, mit Pfeffer würzen und gleichmäßig von allen Seiten anbraten. Nun das Fleisch im vorgeheizten Ofen (140 °C) ca. 15–20 Minuten braten, bis es rosa ist (Medium bei ca. 48–50 °C Kerntemperatur). Dann die Butter in eine Pfanne mit dem Thymian und dem Knoblauch geben und das Rinderfilet darin fertig braten.

Für die Gewürzjus das Pflanzenöl in einem kleinen Topf erhitzen, Schalotten, Zitronengras, rote Chili und Ingwer darin farblos anschwitzen, nun mit dem Jaipur-Curry bestäuben, dann roten Portwein zum Ablöschen nehmen, alles zusammen bis auf die Hälfte einkochen. Danach die Rinderjus hineingeben und wieder um die Hälfte einkochen. Das ist ganz wichtig für den kräftigen Geschmack der Sauce. Zum Schluss mit Akazienhonig verfeinern.

Die Chinakohlblätter gründlich waschen und in 2 cm dicke Streifen schneiden. Den Wok stark erhitzen, Erdnussöl dazugeben, dann die Zwiebeln, Ingwer, Knoblauch und Chili. Die Wokpfanne schwenken, Chinakohl und die Paprika dazugeben und auch durchschwenken. Reiswein, beide Sojasaucen, Chilisauce und den Geflügelfond hinzugeben, danach Zucker und Pfeffer und alles bei schwacher Hitze ca. 10 Minuten schmoren bis der Chinakohl weich ist. Zum Schluss mit Sesamöl verfeinern.

Für die Basmati-Reistaler die Schalotten und den Basmati-Reis in Olivenöl farblos anschwitzen. Nun mit dem mit Kurkuma und Curry gewürzten Geflügelfond auffüllen. Dann zugedeckt 30 Minuten bei schwacher Hitze ziehen lassen, bis die Flüssigkeit komplett weck ist.

Im Anschluss die noch warme Reismasse mit Ei, Panko und Parmesan binden. Danach Chili und Koriander dazugeben und mit Pfeffer und evtl. etwas Salz abschmecken. Jetzt die Basmati-Reistaler formen und in Rapsöl und Aromaten (Thymian, Knoblauch) braten.

R E I S

Reis

(lat. Oryza sativa)

Ursprung: Reis bezeichnet sowohl die Reispflanze als auch die Reisfrucht oder das Reiskorn, das ist den langen Rispen an der Reispflanze wächst. Die Heimat des Reis liegt in China. Überlieferungen besagen, dass dort im Mündungsdelta des Yangzi-Flusses bereits vor 7.000 Jahren erste Versuche zum Reisanbau unternommen wurden. Die erfolgreichen Versuche besiegeln den Beginn einer weltweiten Erfolgsgeschichte. Noch heute ist China weltweit größter Exporteur von Reis.

Beschreibung: An der dunkelgrünen Kulturreispflanze können bis zu 30 Halme wachsen, an deren Ende sich eine schmale Rispe bildet. An den Rispen wiederum sitzen kleine Ähren, die die Reisfrüchte oder Reiskörner in sich tragen. Die Reispflanze war nicht immer eine Wasserpflanze, durch Kultivierung und Zucht hat sie sich den Gegebenheiten angepasst. Bemerkenswert ist die Zusammensetzung des Reiskorns, das zu 76% aus Stärke und zu ca. 7% aus Eiweiß besteht. Im natürlichen Zustand hat das Reiskorn eine hellbraune Färbung, denn es ist vom sogenannten Silberhäutchen umschlossen. Erst wenn die Reiskörner poliert werden, entsteht das weiße Reiskorn.

Kulinarisches: Was in Europa das Brot ist, ist in China der Reis. Nicht wegzudenken aus der chinesischen Küche sind die weißen Körner, die als Beilage zu nahezu allen Gerichten gereicht werden. Unzählige Reisarten und -varianten sind auf dem Markt erhältlich, bekannt sind über 8.000. Exemplarisch stellen wir den Klebereis und den roten Reis vor, die sich beide in China großer Beliebtheit erfreuen.

Der Klebereis hat eine sehr hilfreiche Eigenschaft: Dank seines sehr hohen Stärkeanteils klebt er nach dem Kochen gut zusammen und lässt sich hervorragend mit Stäbchen essen. Beim roten Reis in China handelt es sich um eine rotfermentierte Sorte, nicht zu verwechseln mit dem roten Naturreis oder Camargue-Reis. Beim fermentierten Reis handelt es sich um eine normale, weiße Reissorte, die mit dem Pilz Monascus purpureus angereichert wird. Durch die Fermentation erhält das Korn seine typische intensiv rote Farbe.
Von den zahlreichen Zubereitungsmethoden ist das Dämpfen die schonendste. Das Korn quillt über dem Wasserdampf auf und kann so sein volles Aroma ungehindert entfalten.
Interessantes: Reis steht in vielen Kulturen als Symbol für Fruchtbarkeit. Wer sich wundert, weshalb ein Hoch-

zeitspaar nach der Trauung mit Reis beworfen wird, findet hier die Lösung: dieser Brauch stammt vermutlich aus China und soll dem frisch verheirateten Paar Glück und viele Kinder bescheren.

Mit hoher Wahrscheinlichkeit wurden Nudeln in Südeuropa und in Ostasien unabhängig voneinander entwickelt. In etruskischen Gräbern fand man Abbildungen von Geräten zur Nudelherstellung, und im 12. Jahrhundert wurde von einer fadenförmigen Speise aus Mehl auf Sizilien berichtet. Bei Ausgrabungen im Nordwesten Chinas wurden 4.000 Jahre alte Nudeln aus Rispenhirse (Panicum miliaceum) und Kolbenhirse (Setaria italica) in einer versiegelten Steingutschale geborgen.

Echte **Glasnudeln** werden aus Mungbohnenstärke und Wasser hergestellt. Mithilfe einer speziellen Mahltechnik (nass und trocken) wird der klebfähige, süße Stoff gewonnen und mit Wasser vermischt. Die koreanischen Dangmyeon, die ebenfalls Glasnudeln genannt werden, werden hingegen aus Süßkartoffelstärke hergestellt.

Asiatische Reisnudeln werden aus Reismehl hergestellt und sind durch die enthaltene Reisstärke sehr hell. Sie sind nicht zu verwechseln mit den in Deutschland unter gleichem Namen bekannten Nudeln der griechischen und der italienischen Küche, die aus Hartweizengrieß in Form eines Reiskorns hergestellt werden. Meist verwendet man die etwa 1–2 mm dünnen Reisnudeln. Man überbrüht sie mit kochendem Wasser und lässt sie einige Minuten quellen. Nach dem Abtropfen können sie weiter verarbeitet werden.

In Thailand werden Reisnudeln in der Suppe oder gebraten als Phat Thai gegessen.

In Indonesien heißen die Reisnudeln Bihun, hierzulande wird dieser Begriff meist als Synonym für die gleichnamige Suppe verwendet.

Chinesische Eiernudeln bzw. **Mie-Nudeln** sind Nudeln aus Weizenmehl, die den italienischen Spaghetti ähneln, jedoch kräftiger schmecken und aufgrund ihrer Länge zu einem Block zusammengelegt werden.

Ihre Oberfläche ist im Allgemeinen etwas rauer, wodurch sie Saucen besser aufnehmen können. Chinesische Eiernudeln werden oft in Klarsichtfolienbeuteln angeboten und sind darin als Spiralen verpackt. Die im Kochtopf ausgerollten Nudeln sind doppelt oder dreimal so lang wie der Beutel. Wem das zu lang ist, der muss sie vor dem Kochen brechen. Die Kochzeit ist meist kurz, zwischen 3 und 5 Minuten.

Soba, dünne braun-graue gekochte Nudeln aus Buchweizen sind Teil der japanischen Küche. Die Soba-Nudeln selbst werden heiß oder kalt serviert und zwar separat zur Brühe.

Kake Soba ist die häufigste Variante: Dashi (Brühe), Mirin (Reiswein) und Shoyu (japanische Sojasauce), dazu klein geschnittene Frühlingszwiebeln.

CHINESISCHE NUDELN

GLASNUDELN

MIE-NUDELN

SÜSSKARTOFFEL-NUDELN

REISNUDELN

WEIZEN-/TAPIOKA-
NUDELN

ZWEIHUNDERTFÜNFZIG / ZWEIHUNDERTEINUNDFÜNFZIG

250 / 251

RED SNAPPER, SHIITAKE-PILZE, SOJASPROSSEN, CHINESISCHE EIERNUDELN

MICHAEL KREILING

Rezept für ca. 4 Personen

Red Snapper:
3 EL Erdnussöl
4 Red Snapper (je ca. 100–120 g)
4 Thymianzweige
1 EL Butter
Salz
Sanchopfeffer (japanischer Bergpfeffer)

Kokos-Chilischaum:
2 EL Erdnussöl
4 Schalotten, in Streifen geschnitten
3 Stangen Zitronengras, zerstoßen und fein geschnitten
1/2 rote Chilischote, mit Kernen fein geschnitten
35 g Ingwer, ohne Schale gewürfelt
25 ml Weißwein
250 ml Kokosmilch, ungesüßt
35 g Crème fraîche
Salz
Palmzucker nach Geschmack

Sojasprossen-Shiitake-Pilze-Gemüse:
2 EL Sesamöl
100 g Karotten, in Rauten geschnitten
100 g Shiitake-Pilze
100 g Sojasprossen
20 g Ingwernüsse, eingekocht
3 EL Sojasauce
3 EL süß-saure Sauce
1 EL Pflaumensauce
2 Chilischoten, getrocknet
4 Kaffir-Limonenblätter, in ganz feine Streifen geschnitten
Salz und Pfeffer

Chinesische Eiernudeln (Mie-Nudeln):
240 g chinesische Eiernudeln, gekocht
4 1/2 EL Sesamöl
50 ml Austernsauce
35 ml Fischsauce
frische Koriandersamen aus der Mühle

Erdnussöl in einer Pfanne erhitzen. Red Snapper mit der Hautseite in die Pfanne legen. Dann darauf achten, dass die Haut nicht zu dunkel wird, danach den Red Snapper auf die Grätenseite drehen. Nun den Thymian und die Butter hinzugeben. Dann die Pfanne in den auf 160 °C vorgeheizten Heißluftofen für ca. 4–7 Minuten schieben. Mit Salz und Sanchopfeffer würzen.

Für den Kokos-Chilischaum das Erdnussöl in einem Topf bei mittlerer Hitze erwärmen, Schalotten, Zitronengras, rote Chili und Ingwer darin farblos anschwitzen. Nun mit Weißwein ablöschen und die Kokosmilch hinzugeben und aufkochen. Dann den Kokos-Chilischaum vom Herd nehmen und abgedeckt ca. 30–45 Minuten ziehen lassen.

Nun den Saucenansatz durch ein feines Sieb laufen lassen. Jetzt die Schaumsauce abermals aufkochen und mit Crème fraîche, Salz und Palmzucker verfeinern.

Für das Gemüse Sesamöl in der Wokpfanne erhitzen, nun die Karotten und Shiitake-Pilze anbraten, bis sie leicht farbig werden, dann die Sojasprossen und Ingwernüsse dazugeben, danach die Sojasauce, süßsaure Sauce und Pflaumensauce. Dann mit den Chilischoten, Kaffir-Limonenblättern, Salz und Pfeffer abschmecken.

Für die Eiernudeln Sesamöl in einer Wokpfanne erhitzen und die gekochten chinesischen Eiernudeln darin anbraten, bis sie leicht farbig werden. Dann die Nudeln mit Austernsauce, Fischsauce und Koriander abschmecken.

Tausendjährige Eier

Die Vorstellung, uralte Eier essen zu müssen, ruft bei den meisten Europäern eher ein mulmiges Gefühl hervor. Zudem sind sie meist braun oder gar schwarz. Dennoch sind sie natürlich keine tausend Jahre alt, sondern es handelt sich um fermentierte Eier, eine Delikatesse der chinesischen Küche. Meist sind es Enteneier, die in rohem Zustand in ein Gemisch aus Wasser, Salz, Kalk und Asche eingelegt werden. Die Mischung kann mit Zitrone, Tee oder durch die Art der Asche – z. B. Kiefern- oder Pinienasche – aromatisiert werden kann. Während der mindestens dreimonatigen Lagerung werden die Eier fermentiert und somit konserviert. Das Eiweiß verfärbt sich sehr stark, von rot bis hin zu dunklem Braun oder Schwarz, das Eigelb wird dunkelgrau oder grün. In China werden diese Eier mit festen oder halbfesten Dottern angeboten. Sie werden gerne als Snack verzehrt oder auch mit Zucker und Ingwer zum Dessert gereicht.

Rezept für tausendjährige Eier

12 rohe Enteneier
5 EL Salz
1/2 l Wasser
250 g Pinienkernasche
50 ml Zitronensaft
trockene Reiskörner

Das Salz im Wasser gut auflösen. Asche und Zitronensaft langsam unterrühren und alles zu einer dicken breiigen Masse verrühren, es darf nicht zu flüssig werden. Die Eier vorsichtig und gründlich abwaschen und dann ca. 1/2 cm dick mit dem Brei umhüllen. Dann im Reis wälzen, sodass man die eingelegten Eier in einem Topf (am besten Ton) stapeln kann, ohne dass sie aneinanderkleben. Den Topf verschließen und kühl stellen. Nach drei Tagen die Eier umstapeln und diesen Vorgang etwa fünf Mal alle drei Tage wiederholen. Dann den Topf luftdicht verschließen und mindestens sechs Wochen stehen lassen.

1000-JÄHRIGE EIER

MU-ERR, BLACK FUNGUS

Mu-Err, Black Fungus (lat. Auricularia auricula judae)

Der Speisepilz Mu-Err oder Black Fungus ist nahezu weltweit verbreitet und wird in vielen Gerichten der asiatischen und speziell auch der chinesischen Küche häufig verwendet. Man findet ihn an zahlreichen Baumarten wie z.B. Birken, Walnuss-, Mango, Kapok- und Holunderbäumen.

Aussehen: Seine Farbe ist, abhängig vom Standort, schwarz, oliv-braun oder rötlich. Die Außenseite ist filzig und gräulich. Die Pilze haben eine lappenartige Struktur.

Geschmack: Die Pilze sind nahezu geschmacksneutral. Sie sind reich an Eisen, Kalium, Magnesium und enthalten Phosphor, Silizium und Vitamin B1. Im Handel findet man meist getrocknete Mu-Err. Gut gekühlt lassen sich diese Pilze bis zu zehn Tagen aufbewahren. Aufgrund ihres geringen Eigengeschmacks sind sie in der Küche vielseitig verwendbar. Sie eignen sich hervorragend für Salate, Gemüsegerichte, Suppen und Saucen.

Anbau: Mu-Err-Pilze können das ganze Jahr über geerntet werden.

Shimeji

(lat. Hypsizygus marmoreus)

Der Shimeji wurde in Japan entwickelt und wird vor allem in China geschätzt. In der Natur wächst er auf Holz, vor allem auf Buchen, weshalb er bei uns auch als Buchenpilz bekannt ist. Er ist vergleichbar mit dem bei uns beliebten Stockschwämmchen. Die Farbe des kultivierten Shimeji ist allerdings etwas dunkler als die des wild wachsenden Stockschwämmchens. Der Pilz hat einen dunkelbraunen Hut mit rostbraunen Lamellen und einen angenehm würzigen Geruch.

Der Shimeji hat eine recht lange Haltbarkeit. Gekühlt bleibt dieser Pilz bis zu 10 Tage frisch.

Die Pilze werden unter sehr hygienischen Bedingungen angebaut und verpackt. Daher ist es nicht nötig, diese Pilze vor der Verwendung zu waschen.

Aussehen: Recht kleiner, dunkelbrauner Hut, der Stiel ist braun mit einem häutigen Ring, darunter ist er flockig schuppig.

Geschmack: Mit seinem angenehm nussigen Pilzaroma und dem milden, nussartigen Geschmack ist er sehr vielseitig verwendbar.

Erntezeit: ganzjährig

SHIMEJI

Weißer Shimeji

(lat. Hypsizygus tessulatus)

Wie der Shimeji, ist auch der Weiße Shimeji vor allem in Japan und China hoch geschätzt. Der Hut und die Lamellen sind weiß, der Geruch angenehm pilz-würzig. Der Weiße Shimeji hat einen mild-süßen, nussartigen Geschmack und lässt sich in der Küche sehr vielseitig einsetzen. Gekühlt kann ein Weißer Shimeji bis zu 10 Tage gelagert werden. Die Zucht dieser Pilze findet unter hygienischen Bedingungen statt, deswegen müssen sie nicht gewaschen werden.

Aussehen: Die Hüte sind recht klein und weiß, auch die Lamellen sind weiß mit einem häutigen Ring, darunter sind sie flockig-schuppig.

Geschmack: Zu seinem sehr angenehm nussigen Pilzaroma passt sein mild-süßer nussartiger Geschmack.

Erntezeit: ganzjährig

Rezept für 4 Personen

2 Stücke Thunfisch
(8 cm × 8 cm, 3 cm hoch)
Sesamöl
1 EL weißer Tapioka
1 EL grüner Tapioka
Szechuanpfeffer
weißer Pfeffer
gerebelter roter Pfeffer
geschroteter schwarzer Pfeffer
Koriandersaat
1 Soft Shell Crab
Tempurateig
Mehl

Apfel-Wasabi-Sorbet:
200 g Äpfel, Granny Smith
120 g Läuterzucker
Saft von 1 Zitrone
150 ml Sake
3 g Wasabi

Yuzu-Gelee:
35 g salzige Zitrone, fein gewürfelt
50 ml Yuzu-Saft
25 g Zucker
150 ml Wasser
1,5 g Agar-Agar
1 g Citras

Sesam-Aioli:
2 Eigelb
1 TL Senf
1 TL Reisessig
1 EL Crème fraîche
Limonensaft
3 EL Sesamöl
1 TL Erdnussöl
1 TL Traubenkernöl

Gurke:
1 Salatgurke
Salz und Pfeffer
Zucker
Reisessig
1 TL Xanthan
4 EL Krustentiertatar
(z.B. von gegarten Hummerscheren)

je 2 Schalen Affilla-Kresse, Daikon-Kresse, Shiso-Kresse
1 Schale Enoki-Pilze
3 EL Koriander-Vinaigrette
(oder Asia-Vinaigrette, siehe
Rezept Abalone Seite 290)
Maldon Sea Salt

Alle Zutaten für das Sorbet in einem Mixer fein pürieren und anschließend durch ein feines Sieb passieren. Die Masse dann in der Eismaschine cremig frieren.

Für das Yuzu-Gelee die Zitrone mit Yuzu-Saft, Zucker und Wasser zu einem Drittel einkochen und dann mit Agar-Agar und Citras binden. Das Ganze in eine Form 8 mm hoch einfüllen und auskühlen lassen. Wenn die Masse fest ist, alles in gleich große Würfel schneiden.

Für die Sesam-Aioli aus dem Eigelb mit etwas Senf und Reisessig mit Hilfe eines Stabmixers eine cremige Mayonnaise herstellen und mit der Crème fraîche und etwas Limonensaft abschmecken.

TUNA MIT YUZU, SESAM-AIOLI UND GURKE
CHRISTIAN BAU

Zum Schluss ganz langsam die Öle einlaufen lassen. Die Salatgurke schälen und vier gleichmäßige Scheiben (7 cm lang und 2 cm hoch) schneiden. Aus den Abschnitten noch 2 EL kleine Würfel schneiden. Den Rest der Gurke in einem Mixer fein zerkleinern und mit Salz, Pfeffer, Zucker und etwas Reisessig abschmecken. Die Masse auf ein feines Sieb geben und den Fond ablaufen lassen. Den entstandenen Fond mit etwas Xanthan abbinden. Die Gurkenscheiben in kleine Ringe legen, mit etwas Krustentiertatar füllen und an einen warmen Ort stellen.

Den Tapioka in kochendem Salzwasser langsam weich garen und unter kaltem Wasser abschrecken.

Den Thunfisch schön gleichmäßig zuschneiden und die Abschnitte zu Tatar schneiden. Die Thunfischquader von allen Seiten mit Szechuanpfeffer, weißem, rotem und geschrotetem schwarzem Pfeffer sowie Koriander aus der Mühle würzen. Dann den Thunfisch von allen Seiten mit etwas Sesamöl gleichmäßig anbraten. Anschließend im Hold-O-Mat (67 °C) auf 34 °C Kerntemperatur erwärmen.

Zur Zubereitung der Soft Shell Crab die Krabbe sauber putzen und in vier gleiche Teile schneiden. Einen Tempurateig herstellen und die Krabbe damit knusprig ausbacken.

Die Kresse zu schönen Spitzen zupfen und in Form eines Halbkreises dekorativ gemischt auf dem Teller anrichten. Die Enoki-Pilze ebenfalls ausputzen und hier und da dazwischensetzen.

Auf einen rechteckigen Teller den Gurkenring mit dem Krustentiertatar auf zwölf Uhr anrichten. Darunter dann mit den Enoki-Pilzen und der Kresse einen hufeisenförmigen Ring legen. In die Kresse ein paar Yuzu-Würfel und einige Tupfer der Aioli setzen.

Dann den Thunfisch in je vier gleiche Tranchen schneiden, in der Mitte der Kresse platzieren und mit etwas Maldon Sea Salt würzen.

Jetzt noch die kross gebackene Soft Shell Crab auf dem Gurkenring platzieren und über die Kresse etwas Vinaigrette geben.

Die Gurkensuppe wird separat in einem kleinen Schälchen angerichtet. In die Mitte kommt ein kleiner Sockel Thunfischtatar. Um diesen etwas Tapioka und Gurkenwürfel fallen lassen. Dann wird die Suppe rund herum eingefüllt und zum Schluss noch eine Nocke des Sorbets auf dem Tatar platziert. Das Ganze dann noch mit etwas Kresse garnieren.

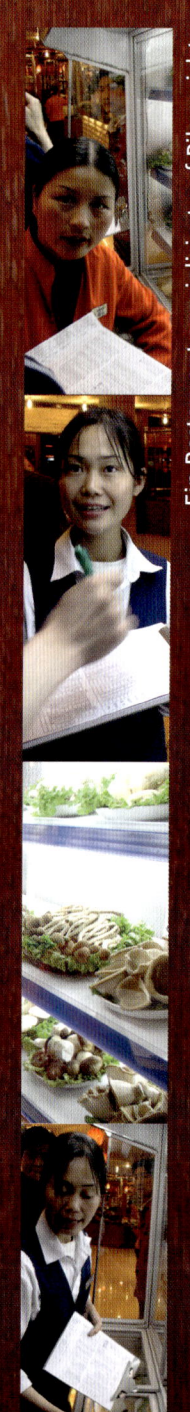

Ein Restaurant spezialisiert auf Pilzgerichte

Matsutake

(lat. Tricholoma matsutake)

Der Matsutake, zu deutsch Krokodilsritterling, ist der begehrteste Speisepilz Japans. Dort erzielt er Preise von bis zu 2.000 Euro je Kilo. Er wächst wild unter Kiefern (jap. Matsu), bevorzugt unter der japanischen Rotkiefer. Er ist sehr selten und lässt sich nicht züchten. In Amerika und Europa wachsen verwandte Arten.

Aussehen: Der begehrte Pilz ist eher unscheinbar hellgrau. Besonders wertvoll ist er, wenn er noch jung und sein Hut noch geschlossen ist.

Geschmack: Beliebt sind gegrillte Matsutake, aber auch für Suppen und andere Gerichte wird er verwendet. Sein Aroma erinnert etwas an Zimt. Auch nach dem Kochen bleibt es erhalten. Er ist ein typisch asiatischer Pilz und wird bei uns sehr selten angeboten.

MATSUTAKE

Enokipilz

(lat. Flammulina velutipes)

Der Enokipilz wird auf Baumstämmen oder Sägemehl gezüchtet und nach etwa 2 Monaten geerntet. Etwa 80% der Weltproduktion werden in Fernost angebaut. Frische Enokipilze werden büschelweise in Plastikfolie abgepackt angeboten. In der Originalverpackung bleiben Enokipilze gekühlt etwa 1 Woche frisch.

Aussehen: Die Farbe des kultivierten Enokipilzes ist etwas blasser als die der Wildformen.

Geschmack: Das weiche und trotzdem bissfeste Fleisch hat einen milden Geschmack und riecht leicht fruchtig. Für die Zubereitung empfiehlt es sich, etwa die untere Hälfte des Stiels zu entfernen. Roh schmecken Enoki besonders gut, eignen sich aber auch als würzige Zutat für Salate oder Sandwiches oder zu Suppen, Nudeln und asiatischen Gerichten.

ENOKIPILZ

Golden Enoki

(lat. Flammulina velutipes)

Ursprung: Der Golden Enoki, auch Goldener Samtfußrübling genannt, ist eine Variante des Weißen Enoki.

Aussehen: Der zarte Pilz mit den kleinen, goldbraunen Köpfchen steht auf langen Stielen, die honiggelb bis rotbraun gefärbt sind. An der Unterseite der Köpfchen hat der Golden Enoki weiße bis blassgelbe Lamellen. Ebenso wie der Weiße Enokipilz wird auch der Goldene im Büschel geerntet, verbunden durch die dichten Wurzeln, die vor dem Verzehr entfernt werden müssen.

Geschmack: In Japan werden dem Golden Enoki sogar heilende Wirkungen zugesprochen. Sie reichen von der Stärkung des Immunsystems bis hin zur Besänftigung von Leberbeschwerden. Japan ist wohl auch das Land, in dem der Golden Enoki dank seiner Beliebtheit am bekanntesten ist – er gilt als beliebtester Speisepilz gleich nach dem Shiitake und schafft es damit weltweit unter die Top Ten der meistverzehrten Pilze. Doch nicht nur in Japan, sondern über die gesamte Nordhalbkugel verstreut wächst der Golden Enoki, der auch Golden Enokitake oder Golden Brown genannt wird. Kühles, winterliches Klima bekommt seinem Wachstum sehr. Pilzliebhaber schätzen den wohlschmeckenden Golden Enoki sehr, er füllt die winterliche Lücke der sonstigen Pilzflora ideal aus.

UDON-NUDELSUPPE, KAMM-MUSCHELN, GOLDEN ENOKI, SAKE

MICHAEL KREILING

Rezept für ca. 4 Personen

1,2 l kräftige Rinderessenz
4 Stangen Zitronengras, zerdrückt und geschnitten
3 Limonenblätter, geschnitten
50 g frischer Ingwer, fein gerieben
2–4 rote Chilischoten, getrocknet und gerieben
2 TL Palmzucker
3 Blätter Kombu (Braunalge)
8 große Shiitake, getrocknet
5 g Bonitoflocken
30–50 ml Sojasauce

Einlage:
150 g Udon-Nudeln
40 Kamm-Muscheln
100 g Golden Enoki-Pilze
80 g Karotten
80 g Salatgurken
60 g Tofu
3 EL Koriander, gehackt
28 Korianderblätter
1–2 rote Chilischoten
16 Dim Sum, mit Chorizo gefüllt
100–120 ml Sake

Rinderessenz aufkochen, nun Zitronengras, Limonenblätter, Ingwer, Chilischoten, Palmzucker, Kombu, die getrockneten Shiitake-Pilze und Bonitoflocken hinzugeben, abermals aufkochen und dann wie einen Tee ziehen lassen.

Für die Einlage Karotte, Gurke, Tofu und Chili in Streifen schneiden. Alle Zutaten in die Brühe geben und einige Minuten ziehen lassen. Zum Schluss mit Sojasauce verfeinern.

Shiitake

(lat. Lentinus edodes)

Zusammen mit dem Champignon zählt der Shiitake zu den am häufigsten gezüchteten Speisepilzen der Welt. Der schmackhafte, würzige Baumpilz ist im Fernen Osten schon seit über 2.000 Jahren ein wichtiges Lebensmittel.

Shiitake-Pilze sind reich an Vitaminen und haben einen günstigen Einfluss auf den Cholesterinspiegel. Es ist erwiesen, dass bei regelmäßigem Genuss von Shiitake-Pilzen der Cholesterinwert in Blut und Galle deutlich abnimmt.

Aussehen: Der Hut ist 5–15 cm groß, rötlich-braun, in der Mitte etwas dunkler als am Rand. Die Form ist gewölbt und am Rand dünn und flach mit faserigen Schüppchen.

Die weiß- bis cremefarbenen Lamellen haben rostbraune Flecken und sind angewachsen oder ausgebuchtet. Sie stehen eng und sind wellig gezähnt.

Der Stiel ist 3–5 cm lang, 1,5–5 cm dick, bräunlich, grob faserig, wollig-schuppig, an der Basis verjüngt und leicht verbogen.

Geschmack: Das weiße Fleisch ist fest, hat einen eigentümlich aromatischen Geruch und schmeckt lauchartig würzig.

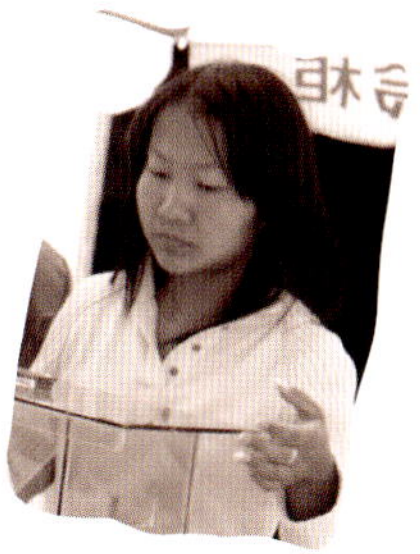

POM-POM-BLANC

Pom-Pom-Blanc

(lat. Hericium crinaceus)

Dieser exotische Pilz stammt aus China und ist dort als Delikatesse geschätzt. Auch in Deutschland gibt es diesen Pilz, allerdings nur sehr selten. Man kennt ihn bei uns auch unter den Namen Igel-Stachelbart-Pilz oder Affenkopfpilz.

Der weiße Pom-Pom-Blanc ist ein überaus delikater Speisepilz und enthält neben acht essentiellen Aminosäuren viele Mineralstoffe, z.B. Kalium und Phosphor, aber nur geringe Mengen Natrium (wichtig für salzarme Diäten). Zusätzlich hat er hohe Anteile von wichtigen Spurenelementen wie Zink, Selen und Eisen.

In China findet man ihn in der guten Küche genauso wie in der Medizin. Es gibt Trinkampullen mit gepresstem Saft frischer Pilze. Der Pilz enthält Enzyme, die Fleisch zart machen können, deshalb wird Fleisch oft zusammen mit dem Pilz eingelegt und anschließend gekocht. Die häufigste Anwendung hat der Pilz allerdings in Suppen oder als Bratgut.

Aussehen: Stachelige Außenseite, milchige Farbe. Ein einzelner Pilz kann bis zu 500 g wiegen.

Geschmack: erinnert an den Champignon, ist aber wesentlich zarter.

Erntezeit: ganzjährig

In China, aber auch in anderen Großstädten Asiens, stößt man auf zunehmend beliebte Nyonya-Restaurants. Hier wird eine Fusion Cuisine asiatischer Prägung geboten. Ein Mix aus chinesischer und ursprünglich malaysischer Küche. Die Baba-Nyonya, Peranakan oder Straight Chinesen leben entlang der Straße von Malakka und sind eine Volksgruppe, die aus der Verbindung männlicher chinesischer Lohnarbeiter, Fischer und Händler mit malaysischen Frauen entstand. Ihre Kultur ist von malaysischen und chinesischen Elementen geformt. Bräuche wie Totenkult, Ahnenverehrung und Religion entstammen dem Daoismus und haben sich nicht der muslimischen Religion der Malaien unterworfen. Bei der Sprache und Küche sind malaysische Elemente vorherrschend. Was in der Kochkunst natürlich die lokalen Produkte betrifft. Die Ansiedlung von Chinesen in Malaysia hat eine lange Tradition. Schon unter der späten Tang-Dynastie siedelten sich erste Händler an. Die Baba-Nyonya-Gesellschaft allerdings prägte sich erst Ende des 19. Jahrhunderts aus. Wir reisen nach Crab Island, ein Inselchen in der Straße von Malakka, um diese Menschen zu besuchen. Um dorthin zu gelangen reist man zunächst nach Kuala Lumpur, die Stadt mit den Petronas-Twin-Towers, die zu den höchsten Wolkenkratzern der Welt zählen. Eine pulsierende Metropole, in der leider nur noch wenig von der ursprünglichen Stadt an der „schlammigen Flussmündung"– nichts anderes bedeutet Kuala Lumpur – zu finden ist. Außer in Chinatown, wo man wie in jeder

DIE BABA-NYONYA
IN DER STRASSE VON MALAKKA

268 / 269

zweihundertachtundsechzig / zweihundertneunundsechzig

Stadt, in der sich Chinesen niedergelassen haben, ein ursprüngliches Stück China findet.

Es waren auch die Chinesen, die die Kuala Lumpur gründeten und nach heftigen Auseinandersetzungen mit der einheimischen Bevölkerung, den Orang Asli, manifestierten. Und heute noch bilden die Chinesen 52% der städtischen Bevölkerung.

Von Kuala Lumpur aus fährt man mit der Bahn in den 30 Kilometer entfernten Ort Port Klang an der Straße von Malakka. Eine ganze Reihe von kleinen vorgelagerten Inseln schützen den Hafen vor der offenen See. Flach gebaute Speedboote, die aussehen als ob sie von einem ehemaligen Buskonstrukteur entworfen wären, halten den öffentlichen Verkehr zu den Inseln aufrecht.

Eines dieser Boote bringt uns nach Crab Island.

Die Straße von Malakka ist eine der befahrensten Wasserstraßen der Welt, denn sie ist die kürzeste Verbindung zwischen dem nördlichen indischen Ozean, der Südchinesischen See und dem Pazifik. Aber sie gilt auch als eine der gefährlichsten Wasserstraßen der Welt, weil Piraten hier nahezu regelmäßig Frachtschiffe entern.

Wir erreichen Crab Island. Vor gut 130 Jahren wurde die Insel von chinesischen Fischern besiedelt. Sie begannen, mit Fallen den hier in den Mangroven massenhaft vorkommenden „Mud Crabs", wie die Einheimischen sie nennen, nachzustellen. Mit ihren einfachen Booten brauchten sie dann einen ganzen Tag, um das Festland zu erreichen und ihren Fang zu verkaufen. Heute kommen Händler mit schnellen Booten auf die Insel, um die Seafood-Produkte der Region zu erwerben. Auch heute noch leben fast ausschließlich Chinesen auf der Insel. Sie haben ihre Wohnhäuser, Gärten, Geschäfte, Restaurants und Tempel auf Pfahlbauten in den Mangrovensumpf gebaut. Das bietet Schutz vor der Tiede und den zahlreichen Giftschlangen der Sümpfe.

Zwischen den gut 1.000 Häusern der Fischer finden sich immer mehr Ferien- und Wochenendhütten von Hobbyfischern, Anglern und Weekend-Krabbenjägern. Wir stöbern im Mangrovensumpf und in den Shops nach Seafood. Neben den Mud-Crabs finden wir eine ganze Reihe verschiedener Winkerkrabben, Schnecken und Muscheln, die hier gefangen werden.

Ebenfalls werden die Flower Crabs angeboten, die allerdings nicht im Mangrovensumpf, sondern weiter draußen in der Straße von Malakka gefangen werden. Denn längst lebt man hier nicht mehr allein von der Fallenstellerei nach Krabben. Es wird auf offener See gefischt, und der Schutz durch die Inseln macht die Region ideal für Aquakulturen. Denen begegnet man hier zum Teil dicht gedrängt. Phuah Kae Keong betreibt hier eine kleine Fischfarm, die er uns gerne zeigt. Kae Keong ist Nachfahre der chinesischen Fischer, die sich vor langer Zeit hier angesiedelt haben. Und er besitzt auch die Geschäftstüchtigkeit, die viele seiner Landsleute auszeichnet. Zunächst arbeitete er als angestellter Manager auf einer der vielen Fischfarmen dieser Region. Dann machte er sich mit einer eigenen Farm selbständig. Kae produziert verschiedene Fischarten. Wichtigste Arten sind der White Travelly, Tiger Grouper, Giant Grouper und Red Snapper, die er gut und teuer nach Hong Kong verkauft.

Neben diesem Geschäft hat der findige Geschäftsmann sich aber noch eine weitere Einnahmequelle erschlossen. Er beherbergt auf seiner schwimmenden Insellandschaft Angeltouristen. Die fährt er mit seinem eigenen Boot zur Farm, lässt sie dort in den eigens errichteten Hütten übernachten und ihren Fang auf schmucken Veranda-Pontons zubereiten. Nicht schlecht, die Idee. Geangelt wird natürlich nicht in den Netzgehegen, das durften wir machen und es dauerte 2 Sekunden, bis ein stattlicher Travelly zubiss. Nein, die Hobbyfischer angeln von der Farm aus neben den Netzen. Das ist fast ebenso erfolgreich, denn in der Umgebung der Farm haben sich viele Fische eingefunden, für die das durch die Netze fallende, nicht verzehrte Futter ein gefundenes Fressen ist.

Natürlich lassen wir uns in einem Restaurant eine Auswahl von Seafood zubereiten. Unser Tourguide ist Hindu und darf mit uns in einem chinesischen Restaurant essen. Den Malayen, die mehrheitlich Muslims sind, ist das verboten. Das chinesische Essen gilt ihnen als „unrein". Nun, wir fanden es toll. Auf den nächsten Seiten ein paar mitgebrachte Rezeptideen.

Frittierte gefüllte Flower Crab

6 Flower Crabs
3 g Frühlingszwiebeln
5 g Ingwer
100 ml Öl
200 g Zwiebeln, gewürfelt
200 g Matsutake Pilze, gewürfelt
5 g Sellerie
4 g Salz
1 g Pfeffer
6 ml Hühnerjus

Füllung:
500 g Kartoffelpüree

Teig:
10 g Mehl
10 g Glutenmehl
10 g Tapioka Mehl
5 g Backpulver
1/2 geschlagenes Ei

Die Krabben waschen und die Schalen entfernen. Die Schalen ebenfalls waschen, um sie später zu füllen. 1 l Wasser in einem Topf kochen, Frühlingszwiebeln und Ingwer zugeben und die Krabben darin 15 Minuten kochen lassen. Die Krabben herausnehmen und abkühlen lassen, dann das Krabbenfleisch herauspulen.
Das Öl in einem Wok erhitzen. Die Zwiebeln anbraten, bis sie duften, dann Pilze, Sellerie und Krabbenfleisch dazu geben, mit Salz, Pfeffer und Hühnerjus abschmecken und unter Rühren kurz weiterbraten.
Für den Teig alle Zutaten zu einem glatten teig verrühren.
Das gebratene Krabbenfleisch in die Schalen füllen, darauf eine Lage Kartoffelpüree geben und mit dem Teig bedecken. Alles frittieren bis es goldbraun ist. Auf einer Platte anrichten und servieren.

Salatrolle mit Jellyfish (Qualle)

300 g Kohlblätter
150 g getrocknete Qualle
100 g Sellerie, geschnitten und blanchiert
100 g Karotten, geschnitten
100 g schwarzer Schmarotzerpilz, blanchiert
50 g rote Chili, gehackt
15 ml Limettensaft
1 g Chili padi, gehackt
8 g Zucker
50 g Zitronengras, gehackt
50 g Ingwerknospe, gehackt
1 g Kaffirblätter, gehackt
10 ml Pflaumensauce
10 ml Thai-Chili-Sauce
1 g Salz
2 ml Sesamöl

Den Kohl kochen, bis er weich ist, dann direkt abgießen. Die Quallen für eine Stunde in kaltem Wasser tränken, danach schnell (für 3–6 Sekunden) kochen und für weitere 4–8 Stunden (bis sie weich sind) in kaltem Wasser einweichen. Die Quallen mit den anderen Zutaten gut vermischen und eine Weile marinieren lassen. Überschüssiges Wasser auspressen.
Die Quallen-Mischung auf ein Stück Kohlblatt verteilen und fest einrollen. Die Rolle in 3 cm breite Scheiben schneiden. Auf einer Platte anrichten und servieren.

REZEPTE AUS DEM KELANA SEAFOOD RESTAURANT

Mangrovenkrabben mit Käse und Milch aus der Pfanne

1 kg Mangrovenkrabben

50 g Margarine

3 Scheiben milder Käse

1 g Curryblätter

1 g Chili Padi

200 ml Kondensmilch

4 ml Hühnerjus

2 g Salz

2 g Zucker

Die Mangrovenkrabben aufbrechen und dünsten, bis sie gar sind. Abtropfen lassen. Die Margarine in einem Wok erhitzen und Käse, Curryblätter und Chili Padi anbraten. Die restlichen Zutaten und die gedünsteten Krabben hinzugeben. Bei mittlerer Hitze braten. Auf Teller geben und servieren.

Kumpung-Fischkopf im Tontopf

1/2 Fischkopf

Öl zum Frittieren

200 g Chinakohl

4 ml Hühnerjus

8 ml Fischsauce

2 g Zucker

50 g chinesische Petersilie, in kurze Stücke geschnitten

5 g Karotten, in Scheiben

5 g junger Ingwer, gehackt

100 g schwarze Pilze, getränkt

150 g Hühnerbrust, in Scheiben

50 g rote Chilischoten, ohne Kerne geschnitten

1 g Pfefferkörner, gemahlen

Den Fischkopf frittieren, bis er goldbraun ist, dann das Öl abgießen. Den Chinakohl in kochendem Öl weich werden lassen und in kurze Stücke schneiden. 1 l Wasser zum Kochen bringen, Hühnerjus hinzufügen, danach die restlichen Zutaten und bei kleiner Hitze 15 Minuten kochen lassen. In einem Tontopf servieren.

Gedünstete Black-Tiger Garnelen mit Austernsauce

600 g Black-Tiger Garnelen

50 g Knoblauch, gehackt

50 g kleine Zwiebeln, gehackt

5 g Chili Padi, gehackt

30 g chinesische Petersilie

100 ml Pflaumensauce

3 g Zucker

3 g Salz

80 ml Hühnerbrühe

Die Garnelen waschen und für 8 Minuten dünsten. Die restlichen Zutaten gründlich vermischen und auf die Garnelen geben. Auf Teller geben und servieren.

Gedünstete Bambusmuscheln mit Knoblauch

600 g Bambusmuscheln

200 g Knoblauch, gehackt

3 g rote Chillischoten, gehackt

6 ml Hühnerbrühe

50 ml Wasser

5 ml Fischsauce

3 g Zucker

3 g Pfeffer

Die Bambusmuscheln waschen. Die restlichen Zutaten mischen und auf die Bambusmuscheln geben. Die Muscheln für 8 Minuten dünsten, dann auf Tellern servieren.

Tintenfischsnacks. Das fröhlich fischige Kaubonbon des südostasiatischen Raumes. Wird wie Süßigkeiten bei uns am Kiosk angeboten. In knallig bunten Tüten und mit derselben Werbebotschaft: Der leckere Snack für zwischendurch. Die Tintenfische werden gerollt, getrocknet und verschiedenartig gewürzt. Beliebt ist Zucker und Salz mit Chili und Pfeffer. Farbstoffe und Natriumglutamat dürfen natürlich nicht fehlen. Auch ganze Mini-Tintenfische, getrocknet oder geröstet und gewürzt sind beliebt und überall zu bekommen.

GETROCKNETER KALMAR

Wie die Kalmare werden die Tiere plattiert, gesalzen und in der Sonne getrocknet. Zum Verzehr werden sie gewässert und danach weichgekocht. Dieses Ausgangsprodukt wird dann mariniert oder im Wok angebraten.

GETROCKNETER TINTENFISCH

GETROCKNETE MINIFISCHCHEN

Getrocknete Minifischchen. Beliebte Knabberartikel für zwischendurch oder als knusprige Beilage zu Reisgerichten. Was bei uns Cracker oder Erdnussflips sind, sind auf Crab Island wie überall in Südostasien Minifisch-Snackartikel. Entweder man isst zuvor marinierte und dann getrocknete ganze Fischchen der verschiedensten Arten oder man greift zur Luxusvariante: geröstetes Fischfleisch, mit Zucker, Tapiokamehl, Weizenmehl, Salz, Sojasauce. Wie bei unseren deutschen Kartoffelchips sprühen die Hersteller auch hier vor Rezeptideen.

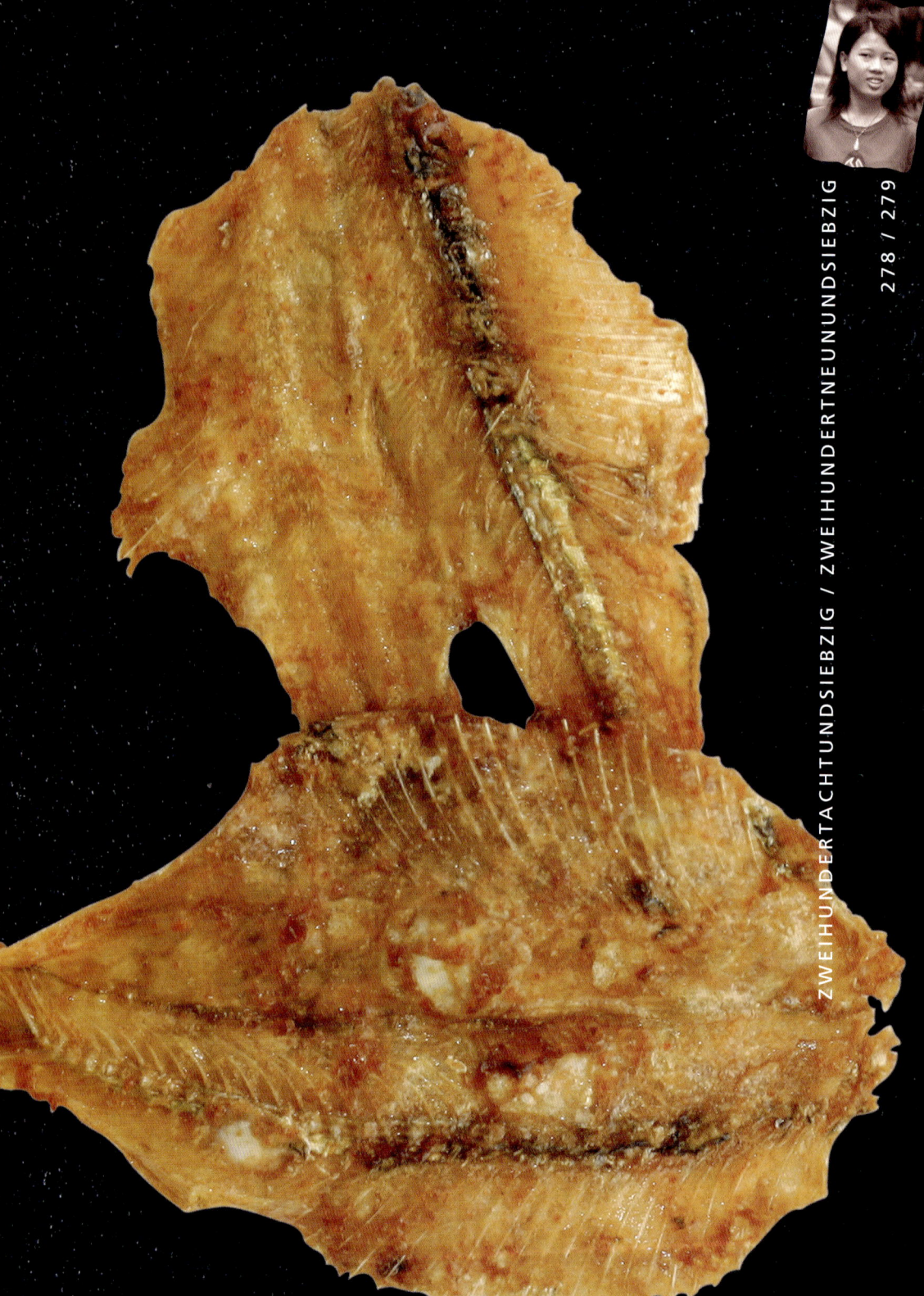

Marinierte und getrocknete Minifischchen, ca. 2 cm lang, sind ein beliebter Snack.

Schwimmblase vom Fisch

Beschreibung: Die Schwimmblase ist ein Organ der Knochenfische und dient dazu, das spezifische Gewicht des Fisches dem des umgebenden Wassers anzugleichen, sodass der Fisch im Wasser schweben kann. Gewöhnlich stammt die handelsübliche Schwimmblase vom Meeresaal.

Kulinarisches: Aufgabe der Schwimmblase ist es, dem Gericht eine dichtere Konsistenz zu verleihen. Aber auch die Konsistenz der Fischblase selbst und die Fähigkeit, den Fremdgeschmack der anderen Zutaten anzunehmen, macht sie zu einer Aromenoffenbarung.

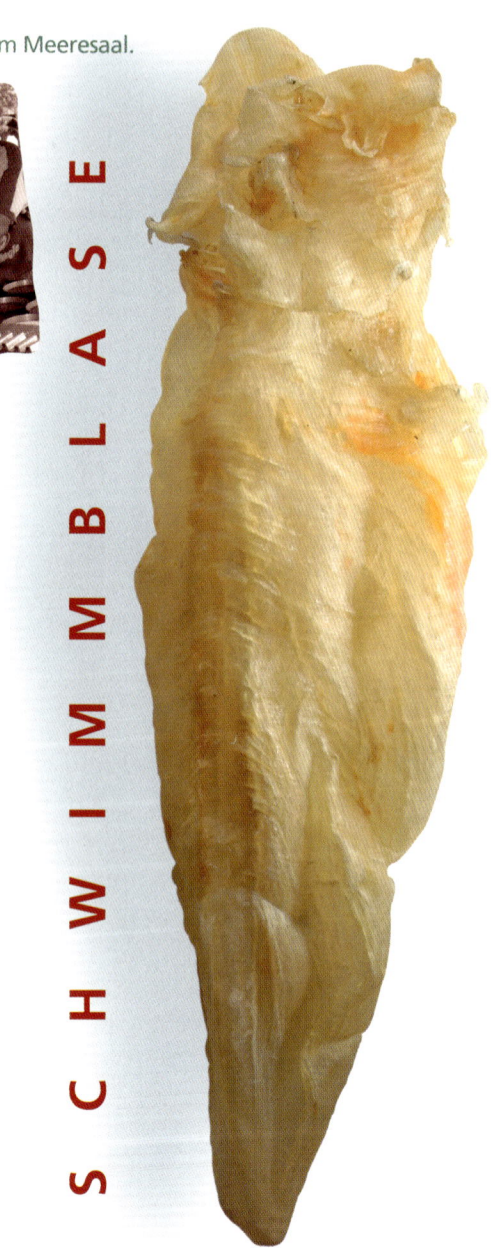

Rezept für 4 Personen

1 Fish Maw (Schwimmblase, ca. 120 g Trockengewicht)
3 Zitronen, in Scheiben geschnitten
3 frische Lorbeerblätter
3 frische Zitronenblätter
Wasser

2 EL Zitronenöl
2 EL blanchierte Zwiebelwürfel
4 EL Limejuice
4 EL Zitronensaft
100 ml Fischfond
1/2 grüne Chilischote, ohne Kerne, in feinste Würfelchen geschnitten
helle Speisestärke
4 Pimientos de Padrón
4 Jakobsmuscheln, ausgelöst und gewässert
Salz
2 EL eingelegte Zitronenschalen, in Julienne geschnitten
2 EL Korianderkresse
1 TL frische Korianderkörner

Zur Vorbereitung des Fish Maw 4 l Wasser mit einer Zitrone und je einem Lorbeer- und Zitronenblatt aufkochen. Fish Maw dazugeben, den Topf vom Herd nehmen, einen Deckel darauflegen und das Ganze 10 Stunden ziehen lassen. Diesen Vorgang zweimal wiederholen. Anschließend Fish Maw aufschneiden, von Haut und Sehnen befreien, in vier Stücke à 2 × 2 cm schneiden. Das Zitronenöl in einer Sauteuse erhitzen, Zwiebeln und die Fish-Maw-Stücke anschwitzen. Mit Limejuice und Zitronensaft ablöschen, den Fischfond aufgießen, Chilischote zugeben und mit Salz abschmecken. Mit Speisestärke leicht binden und die Pimientos dazugeben, einmal aufwallen lassen. Die Jakobsmuscheln halbieren und bei 80 °C eine Minute dämpfen.

EINTOPF VON FISH MAW, JAKOBSMUSCHELN UND GRÜNER PAPRIKA MIT ZITRONE

TIM RAUE

Zum Servieren die Jakobsmuschelscheiben in tiefen Tellern anrichten, darauf den Fish Maw-Eintopf geben und mit Zitronenschalen, Korianderkresse und -körnern dekorieren.

Seegurken

(lat. Holothuroidea)

Seegurken, auch Seewalzen genannt, leben an den Küsten aller tropischen und subtropischen Meere. Dort kommen sie in vielen Arten vor. Einige von ihnen sind Sedimentfresser. Wie Staubsauger nehmen sie Schlamm und Sand auf, filtern das für sie Brauchbare heraus und scheiden den Rest wieder aus. Andere jagen mit Tenktakeln nach Plankton. Einige Arten der Seegurken sind giftig. Ihr Verteidigungsorgan, der sogenannte Cuviersche Schlauch, der klebrige Schleimfäden in Richtung Angreifer verspritzt, aber auch Drüsen auf der Haut können Gifte enthalten. Daher sollten diese Organe vor dem Verzehr beseitigt werden. Seegurken werden in Asien, aber auch in Spanien gegessen. In chinesischen Gewässern leben gut 60 Arten, 20 davon werden verzehrt. Zur Konservierung werden die Innereien herausgenommen, die Seegurke gekocht und dann in der Sonne oder in Asche getrocknet. In dieser Form sind sie auch bei uns erhältlich und unbedenklich in der Verwendung. Vor der Verwendung werden Seegurken in lauwarmem Wasser eingeweicht, das regelmäßig gewechselt werden muss. Diese Prozedur sollte man mindestens einen Tag durchhalten, besser zwei bis drei. Danach muss die Delikatesse noch mehrere Stunden kochen. Am besten werden Seegurken im Wok mit anderen Zutaten geschmort.

S E E G U R K E N

Jellyfish. Dahinter verbergen sich Quallen oder Medusen, also Nesseltiere, die bei uns alle möglichen Assoziationen hervorrufen, aber mit Sicherheit keinen Appetit auf diese Tiere. Aber sie schmecken nicht wie sie aussehen, eher neutral.

Auch bei uns bekommt man im Asia-Shop getrocknete und gesalzene Quallen. Diese wässert man so lange, bis sie nicht mehr salzig sind. Danach kann man sie blanchieren und mit asiatischem Dressing unter Salate mischen. Man kann sie auch im Wok anbraten und mit Sojasauce servieren. Dazu werden oft marinierte Scheiben von Abalone-Schnecken gereicht.

Rezept für 4 Personen

1 Seegurke (ca. 100 g Trockengewicht)
2 l Wasser
1 l Rinderbrühe

8 Stücke Hongkong-Kai-Lan (chinesischer Brokkoli)
1 EL Pflaumenkernöl

200 ml Beeftea
2 EL Nam Pla-Sauce
Madagaskarpfeffer
80 ml Sacha-Inchi-Öl

12 Scheiben Périgord-Trüffel
12 Scheiben roter Thai-Chili

Die Seegurke abflämmen. In einem Spargeltopf 2 l Wasser zum Kochen bringen und dann die Seegurke darin 10 Stunden ziehen lassen. Diesen Vorgang viermal wiederholen. Danach die Seegurke mit einem Schwamm intensiv abbürsten, halbieren und von Haut und Sehnen sowie Kalkablagerungen befreien.

Die Rinderbrühe aufkochen, die Seegurke dazugeben und auskühlen lassen. Anschließend mit der Brühe vakuumieren und mindestens 3 Tage ziehen lassen. Zum Anrichten in 1,5 cm dicke Scheiben schneiden und im Dampf bei 80 °C erhitzen.

Den Kai-Lan in Salzwasser blanchieren und anschließend mit dem Pflaumenkernöl marinieren.

Beeftea aufkochen und mit der Nam Pla-Sauce und dem Pfeffer abschmecken, das Öl dazugeben und in eine Sauciere füllen.

Zum Anrichten den Kai-Lan erwärmen, Seegurkenstücke, Trüffel und Chili drapieren und mit Madagaskarpfeffer würzen. Am Tisch die Brühe angießen.

SEEGURKE MIT HONGKONG-KAI-LAN, TRÜFFEL, ROTEM CHILI UND NAM-PLA-BRÜHE

TIM RAUE

286 / 287

Rezept für 4 Personen

4 Spiky Seegurken
(3–4 cm lang), getrocknet
1 l Hühnerfond
4 Champignons
20 g Wakame-Alge

Tamari-Sekigahara-Sud:
100 ml Hühneressenz
35 ml Tamari-Sekigahara-Sauce
10 ml salziger Yuzu-Saft
10 ml Rose's Lime Juice
Maizena
40 ml Zitronenöl

1 EL Fingerlime-Perlen
1 EL Zitronenschale, konfiert
1 EL Walnuss, ohne Schale, klein geschnitten
2 EL Rosenapfel, fein gewürfelt
1 TL hauchfeine Scheiben Frühlingslauch

Spitzwegerich

In einem Topf 1 l Wasser aufkochen, die Seegurken hinzugeben. Deckel aufsetzen und 14 Stunden ziehen lassen. Diesen Vorgang wiederholen. Die Seegurke am Bauch mit einem längs geführten Schnitt öffnen und mit einer Pinzette das Innere entfernen. Dann die Seegurken in kochendem Wasser 2 Minuten blanchieren. Anschließend im Hühnerfond mit Champignons und Wakame-Alge 1 Stunde köcheln lassen, bis die Seegurken eine weiche und zarte Konsistenz haben. Nicht vakuumieren, dadurch verlieren die Spikes ihre wunderschöne Form.

Für den Tamari-Sekigahara-Sud die Flüssigkeiten aufkochen und mit Maizena leicht binden. Das Zitronenöl kurz vor dem Anrichten dazugeben und wie bei einer Vinaigrette leicht verrühren.

Die Seegurken in dem heißen Sud servieren. Fingerlime, Zitronenschale, Walnuss, Rosenapfel und Frühlingslauch vorsichtig unterheben. Mit Spitzwegerich dekorieren.

JAPANISCHE SEEGURKE MIT TAMARI-SEKIGAHARA-SUD (CHAMPIGNONS – FINGERLIME – WALNUSS – ZITRONENSCHALE – ROSENAPFEL – FRÜHLINGSLAUCH)

MUSCHELN

Die cremefarbene **Tapes literatus**, eine Venusmuschelart, zeichnet sich durch ihre schriftähnlichen grafischen Verzierungen aus. Sie lebt im tropischen Pazifik und wird bis zu 10 cm groß.

Die **Blood Cockle**, lat. Anadara granosa, gehört ebenfalls zur Ordnung der Venusmuscheln und wird in Malaysia gefarmt. Ihren Namen Blutmuschel verdankt sie ihrem intensiv roten Fleisch.

Diese **indo-pazifische Venusmuschel**, lat. Meretrix lusoria, wird gerne für Suppen verwendet. In Japan nennt man sie Hamaguri. Dort wird sie zu einem speziellen muschelförmigen Sushi verarbeitet. Die Farbe ist sehr variabel.

Die **Venusmuscheln**, lat. Meretrix lyrata, hingegen sind sehr typisch und einheitlich gefärbt. Die elfenbeinfarbenen Schalen enden in einem auffälligen schwarzbraunen „Fleck" an einem Ende.

Die **Bambusmuschel** oder kleine japanische Scheidenmuschel, lat. Solen strictus. Eine Verwandte unserer Scheidenmuscheln, jedoch wesentlich kleiner. Sie gräbt sich im feinen Sand und Schlamm in Küstennähe ein. Dabei benutzt sie ihren kräftigen Muskel um sich einzugraben und fortzubewegen.

Grünschalenmuscheln sind die Miesmuscheln des pazifischen Raumes. Sie kommen in mehreren Unterarten vor. Bei uns werden hauptsächlich Perna canaliculus angeboten. Sie stammen aus Aquakulturen in Neuseeland und werden gefroren geliefert.

Mirugai (Felsenklaffmuschel) Ihr japanischer Name Mirugai stammt von dem Seegras Miru, das auf der Muschel wächst. Die große, dicke Valve, die aus der Muschel herausragt, wird für die Sushi-Zubereitung verwendet. Hierfür taucht man sie in siedendes Wasser, wobei sich ihre dunkle, dünne Haut goldbraun färbt. Ihre Frische erkennt man an folgenden Regeln: Je dunkler die Farbe ihres Fleisches ist, desto frischer ist auch die Muschel. Je älter das Fleisch, desto weicher ist es. Auf diese Regeln sollte man achten, denn nur so kann sie als ein Premium-Sushi gelten, ihr volles Geschmacksbild entfalten und durch ihre krosse Textur bestechen, die an Abalone erinnert. Die Muschel wurde früher reichlich in der Bucht von Tokio geerntet. Da ihr Vorkommen heute jedoch rar ist, gehört auch sie zur exklusiven Premiumkategorie.

Chinesische Austern sind typische Austern aus der Floßkultivierung, die in Südostasien häufig angewandt wird. Hierbei hängen die Muscheln in einfachen Kisten unter Flößen. Da sie nicht gewendet werden, entstehen die unregelmäßigen Formen. Bei dem abgebildeten Exemplar sieht man deutlich den Kistenrand. Die Form ist aber egal, da man in Asien Austern nicht „schlürft" sondern sie anderweitig verarbeitet.

Abalone (lat. Haliotis spp.) Die Schale der Schnecken, die in ihrer Form einer menschlichen Ohrmuschel ähnelt, brachte den Meerohren ihren Namen ein. Sie kann einen Durchmesser von bis zu 25 cm erreichen. Aus den vorderen Löchern des Gehäuses kann die Schnecke tentakelartige Mantelfortsätze strecken, die eine Sinnesfunktion übernehmen. Die Abalone ist eine typische Speiseschnecke des pazifischen Ozeans. Insgesamt sind über 100 Arten dieser Meeresschnecke bekannt. Weltweit werden heute Abalone in Aquakulturen gezogen. Kulinarisch wertvoll ist der große, weiße Fuß der Schnecke. Abalone werden frisch, in Dosen und getrocknet angeboten. In getrockneter Form gehen sie hauptsächlich nach China, wo sie als Aphrodisiakum gelten. Abalone werden gekocht oder, wie in Japan, hauchdünn aufgeschnitten und roh mariniert gegessen.

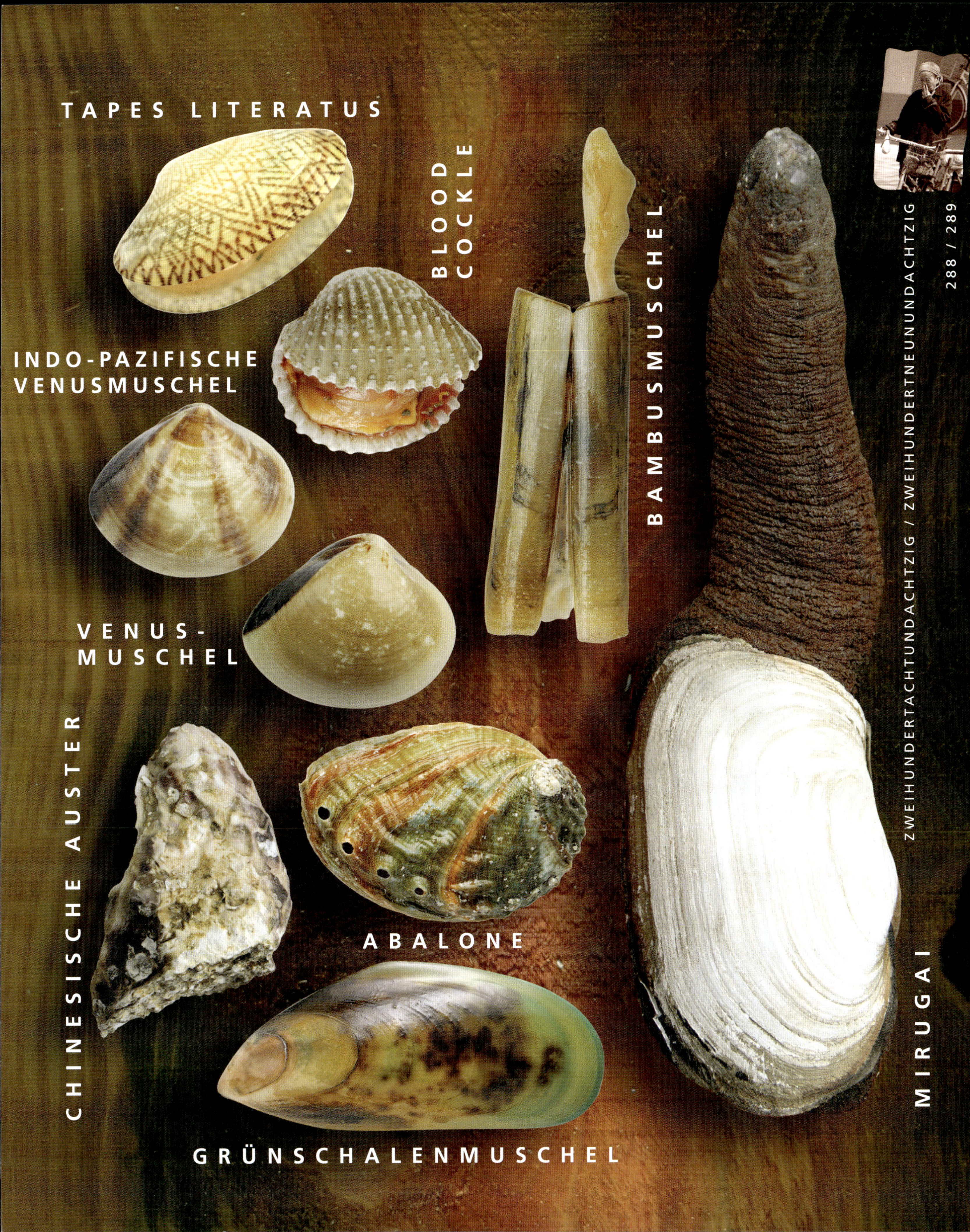

TAPES LITERATUS

INDO-PAZIFISCHE
VENUSMUSCHEL

BLOOD
COCKLE

BAMBUSMUSCHEL

VENUS-
MUSCHEL

CHINESISCHE AUSTER

ABALONE

GRÜNSCHALENMUSCHEL

MIRUGAI

ZWEIHUNDERTACHTUNDACHTZIG / ZWEIHUNDERTNEUNUNDACHTZIG

ABALONE MIT KNACKIG-SAUREM GEMÜSE UND KIMIZU-MAYONNAISE

CHRISTIAN BAU

Rezept für 4 Personen

5 küchenfertige Abalone
(je ca. 30 g)
1 Blatt Kombu-Alge
2 EL Sake
2 EL Mirin
Mehl
Tempurateig
Fett zum Ausbacken
Salz und Pfeffer
2 EL Limonenmarinade
4 kleine Veilchenblüten
(essbare Blüten)

Gemüse:
100 g japanische Kartoffeln
(Crosnes)
2 Karotten
1 kleiner Rettich
4 Stangen Staudensellerie
50 ml Reisessig
30 ml Mirin
100 ml Wasser
10 Pfefferkörner
1 Lorbeerblatt
1 Stück Sternanis

Kimizu:
50 ml Reisessig
50 ml Mirin
100 g Eigelb
Salz und Pfeffer
Zucker

Vinaigrette:
1 TL Balsamico (13 Jahre)
1 TL Ketjap Manis
1 TL salzarme Sojasauce
Salz und Pfeffer
Zucker
1 EL Sesamöl
2 EL Olivenöl

Salat:
100 g Mesclun-Salat
2 EL gemischte, gezupfte Kräuter (Kerbel, Dill, Koriander, Brunnenkresse, Shizo-Kresse)
2 EL Champagner-Vinaigrette
Salz

Die Abalone in einen Vakuumbeutel geben, Kombu-Alge, Sake und Mirin dazugeben. Das Ganze vakuumieren und im Wasserbad bei 66 °C 8–9 Stunden garen. Im Vakuum erkalten lassen.
Die Kartoffeln sauber putzen und halbieren. Karotten, Rettich und Staudensellerie zu ca. 5 mm dünnen Streifen schneiden. Dann aus Reisessig, Mirin, Wasser, Pfefferkörnern, Lorbeer und Sternanis einen Sud herstellen und diesen kochend über das Gemüse gießen. Anschließend das Gemüse mindestens 3 Stunden darin liegen lassen.
Für die Kimizu-Mayonnaise Reisessig, Mirin und Eigelb über einem Wasserbad warm aufschlagen, bis eine dickflüssige Konsistenz entstanden ist. Jetzt das Ganze mit Salz, Pfeffer und Zucker abschmecken, abkühlen lassen.
Für die Vinaigrette Balsamico mit Ketjap Manis und Sojasauce mischen und mit Salz, Pfeffer und Zucker abschmecken. Dann die Öle dazugeben, aber nicht zu stark rühren, damit es nicht emulgiert.
Die Abalone aus dem Vakuum nehmen und trocken legen. Dann eine der Muscheln in zwölf etwas dickere Scheiben schneiden. Den Rest hauchdünn aufschneiden.
Die dickeren Scheiben in Mehl wenden, durch den Tempurateig ziehen und in 180 °C heißem Fett knusprig ausbacken. Die dünnen Muschelscheiben auf einen Teller legen und mit Salz, Pfeffer und etwas Limonenmarinade würzen.
Den Salat und die Kräuter mit der Champagner-Vinaigrette und einer Prise Salz marinieren.
Zum Anrichten den Salat auf einen großen runden Teller in der Mitte platzieren, das eingelegte Gemüse und die dünnen Abalone-Scheiben gefällig darauf anrichten. Um den Salat mehrere Tupfer der Mayonnaise geben. Dann noch etwas von der asiatischen Vinaigrette darüberträufeln und je drei Abalone-Tempuras auflegen. Zum Abschluss den Teller mit einer essbaren Blüte garnieren.

ABALONE MIT SPARGEL, ESTRAGON, WASABI UND RADIESCHEN

TIM RAUE

Rezept für 4 Personen

4 frische Abalone
1 Limette, geviertelt
2 EL weiße Pfefferkörner
100 g Staudensellerie, gewürfelt

1 l Spargelsud
Salz
8 grüne Spargelstangen, geschält und blanchiert
1 TL Spargelessig (von Erwin Gegenbauer)
2 EL Avocadokernöl

4 EL Selleriepüree
4 TL Estragonpulver (100 g Estragon mit 20 ml Wasser und 20 ml Öl in einer Pacojetdose einfrieren und im Pacojet auffräsen)
grüner Tabasco

12 gehobelte Radieschenscheiben
4 EL Radieschen, fein gewürfelt
12 Spitzen persischer Estragon
1 EL frischer Wasabi, gerieben und zu Kügelchen geformt

Abalone mit Limettenvierteln, Pfefferkörnern und Staudensellerie in 3 l Wasser zum Kochen bringen, 3–4 Stunden köcheln lassen und stets Wasser auffüllen. Wenn die Abalone weich sind, herausnehmen, aus der Schale lösen und die Innereien entfernen.

Den Spargelsud aufkochen, die Abalone dazugeben, auskühlen lassen und mit dem Sud vakuumieren. Mindestens 3 Tage ziehen lassen. Danach die Abalone in dünne Scheiben schneiden, mit etwas Sud und Salz würzen und bei 69 °C im Hold-O-Mat 15–20 Minuten langsam erwärmen.

Die Spargelstangen in 3 cm lange Stücke schneiden, in Spargelessig und Avocadokernöl marinieren und in der Mikrowelle erhitzen.

Das Selleriepüree erhitzen, Estragonpulver einrühren und mit grünem Tabasco würzen.

Zum Anrichten das Püree auf die Teller streichen, mit den Abalonescheiben belegen. Die Spargelstücke mit Radieschenscheiben und Estragon auf der einen und Wasabikügelchen und Radieschenwürfeln auf der anderen Seite dazusetzen.

KRUSTENTIERE

Heuschreckenkrebs

(lat. Stomatopoda spp.)

Lebensraum: Heuschreckenkrebse (Stomatopoda) sind räuberische Schalentiere. Sie leben im Flachwassergebieten tropischer und subtropischer Meere. Im Englischen werden Heuschreckenkrebse als Mantis shrimps bezeichnet. Dieser Name verweist auf ihre optische Ähnlichkeit zur Gottesanbeterin (Mantis).

Beschreibung: Es gibt eine Vielzahl verschiedener Arten von Heuschreckenkrebsen. Je nach Art erreichen sie eine Größe zwischen 2 und 70 cm. Sie sind entfernte Verwandte der Krabben und Garnelen. Bekannt sind sie für ihre aggressiven Jagdmethoden. Anatomisch ähneln Heuschreckenkrebse anderen Krebsarten. Ihr Körper teilt sich in den Brustpanzer und in das von einer Segmentschale umgebene Abdomen. Unter dem Hinterleib befinden sich die Laufbeine der Tiere. Auffälligstes Merkmal sind die mit scharfen Stacheln besetzten Fangbeine unter dem Brustpanzer. Das zweite Paar dieser Fangbeine ist besonders lang und unter dem Körper eingekrümmt. Es wird zum Schlagen und Fangen der Beute benutzt. Dabei schnellt das eingekrümmte Beinpaar mit einer Geschwindigkeit von 14 bis 23 Metern pro Sekunde in einem „Tritt" nach vorne und zertrümmert die Schale von Schnecken und anderen Weichtieren, die die Hauptnahrungsquelle des Heuschreckenkrebses darstellen. Die Tritttechnik der Tiere beruht auf einem speziellen Federmechanismus. Die Gegenspielerpaare der Muskeln in den Fangbeinen der Krebse funktionieren wie ein Katapult: haben sie die größtmögliche Kontraktion erreicht, werden sie losgelassen und die Beine schnellen von unten heraus nach vorne. Diese Bewegung läuft 50-mal schneller ab, als das menschliche Auge in der Lage ist, sie zu erfassen. Große Arten erreichen hierbei eine Durchschlagkraft, die einer Pistolenkugel des Kalibers 22 entspricht. Man unterscheidet zwei verschiedene Gattungen von Heuschreckenkrebsen: „Speerer" und „Schmetterer". Die Fangbeine der Speerer sind je nach Art mit einer Vielzahl von Dornen besetzt. Diese Tiere schlagen ihre Beute mit ausgestrecktem Fangbein und spießen sie mit Hilfe der Dornen auf. Die Fangbeine der Schmetterer haben die Form einer Keule. Sie verwenden im Gegensatz zu den Speerern ihr verdicktes Ellenbogengelenk nicht die Klaue zum Beutefang. Mit dem angewinkelten Fangbein durchschlagen die Schmetterer selbst dicken Schalen von Krebsen und Muscheln.

Kulinarisches: In der Küche verwendet man den Heuschreckenkrebs wie Shrimps. Es sollte allerdings beim Kochen je nach Größe eine geringere Garzeit berechnet werden. Dank ihrer dünnwandigen Schale können die Schwänze leicht ausgebrochen werden. Die Fangbeine der Tiere enthalten keinen nennenswerten Fleischanteil.

Bärenkrebs

(lat. Thenus spp.)

Lebensraum: Bärenkrebse leben in allen tropischen und subtropischen Meeren der Welt, zwei Arten sind auch im Mittelmeer anzutreffen: der bis zu 10 cm lange Kleine Bärenkrebs (Scyllarus arctus) und der etwas über 30 cm lange Große Bärenkrebs (Scyllarus latus). Die Hauptart der Bärenkrebse in den indopazifischen Gewässern ist der hier abgebildete Thenus orientalis, der bis zu 25 cm Länge erreichen kann.

Beschreibung: Bärenkrebse sehen sonderbar aus. Obwohl sie mit den Langusten verwandt sind, fehlen ihnen die langen Antennen. Stattdessen haben sie am Kopf schaufelartige Fortsätze mit gezackten, scharfen Rändern, die sie zum Graben in schlammigen oder sandigen Böden benutzen. Bärenkrebse haben außerdem auch keine Scheren. Alle Arten sehen sich sehr ähnlich, sind meist unauffällig grau oder braun gefärbt und unterscheiden sich vor allem durch ihre Größe. Kulinarisches: Bärenkrebsen kommt in der Fischereiwirtschaft nicht die gleiche Bedeutung zu wie den Hummern oder Langusten. Dabei ist ihr Fleisch sehr wohlschmeckend. Kenner erklären, dass der aus dem indopazifischen Raum stammende Thenus orientalis am besten schmecke. Vor allem das Schwanzfleisch gilt als Delikatesse.

BÄRENKREBS

HEUSCHRECKENKREBS

Langusten

(lat. Palinuridae)

Lebensraum: Langusten sind große, hummerähnliche Krebstiere, die in felsigen, 30 bis 100 Meter tiefen Küstengebieten mit gemäßigten Wassertemperaturen leben. In Europa werden sie vor allem im Mittelmeer gefangen, kommen aber auch entlang der englischen Küste vor. Vorwiegend leben sie allerdings in den tropischen und subtropischen Meeren dieser Erde. Langusten aus europäischen Gewässern werden manchmal auch als Stachelhummer bezeichnet.

Beschreibung: Anders als der Hummer besitzt die Languste keine Scheren, sondern nur ein Werkzeug zum Öffnen von Muschelschalen am vordersten Beinpaar. Besonders auffällig sind die überkörperlangen, bis zu 70 cm messenden Antennen. Mit ihnen erzeugen die Tiere ein knarrendes Geräusch, mit dem sie Feinde abschrecken, aber auch Geschlechtspartner anlocken können.

Die Europäische Languste zeichnet sich durch eine tiefrote Färbung des Panzers mit einer Doppelreihe weißer Flecken aus. Die Langusten vor der Küste Mauretaniens dagegen sind rosafarben, die Langusten, die im Golf von Guinea vorkommen, sind grün.

Die nachtaktiven Langusten ernähren sich von toten und lebenden Schnecken, Muscheln und anderen kleinen Meeresbewohnern.

Langusten werden allgemein bis zu 50 cm lang und bis zu 2 kg schwer, es gibt allerdings auch Exemplare, die ein Gewicht von bis zu 8 kg erreichen können.

Kulinarisches: Langusten zählen zu den teuersten Krustentieren und können geschmacklich leicht mit dem Hummer mithalten. Ihr Fleisch ist weiß und zart, allerdings meist etwas trockener als das des Hummers. Langusten sollten lebend gekauft werden. Frische Langusten erkennt man daran, dass sie sehr aktiv sind und zappeln, wenn man die Stirnhörner über den Augen berührt. Der kräftige Schwanz muss bei der lebenden Languste immer leicht gekrümmt sein. Langusten, deren Schwanz lang gestreckt ist, gelten auch in gekochtem Zustand als ungenießbar.

Rosenberg-Süßwassergarnele (lat. Macrobrachium rosenbergii)

Lebensraum: Ursprünglich stammt die Rosenberggarnele aus Thailand, ist aber wegen ihrer einfachen Nachzucht mittlerweile in vielen tropischen Ländern anzutreffen. Rosenberggarnelen leben wild in Flüssen, auf sandigen, steinigen Böden, die Eier werden von den Flüssen dann in Richtung Meer verdriftet. Hauptverbreitungsgebiet sind neben Thailand, Indien und Bangladesch, wo sie in Aquakulturen gezüchtet werden.

Beschreibung: Rosenberggarnelen werden ca. 25 cm lang, ihr Körper ist leicht spindelförmig und etwas gedrungen. Besonders auffällig sind ihre langen, blauen Scherenarme, die bei den Männchen erstaunliche 50 cm lang werden können. Im Handel bekommt man diese allerdings fast nie zu sehen, da sie vor dem Versand meist abgetrennt werden. Die Färbung der Rosenberggarnele ist transparent-bläulich. Sie ernähren sich von Pflanzen, aber auch von Schnecken, Fischen und greifen manchmal sogar Artgenossen an.

Kulinarisches: Das Fleisch der Rosenberggarnele ist im Geschmack neutral bis mild süßlich. Beim Erhitzen färbt es sich leuchtend rot. Bei uns kommen hauptsächlich die wohlschmeckenden, etwa 10 cm langen Schwanzstücke auf den Markt.

LANGUSTENMEDAILLON, PASSIONSFRUCHT-VINAIGRETTE, PATTAYA-MANGOSALSA

MICHAEL KREILING

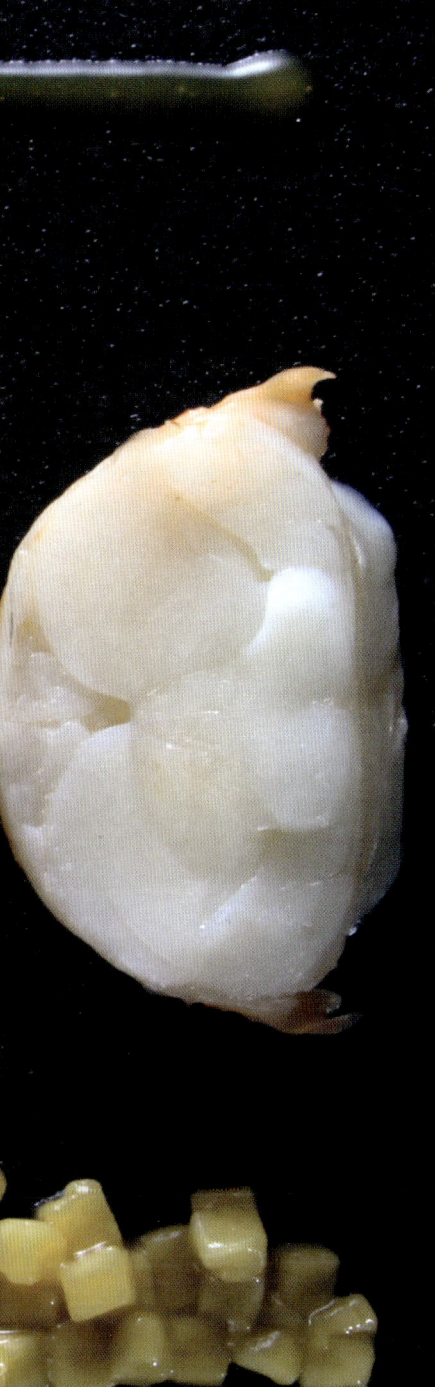

Rezept für 4 Personen

Langustenmedaillon:
2 Langustenschwänze (ca. 350 g pro Schwanz mit Schale)
Salz
Sanchopfeffer (japanischer Bergpfeffer)
500 g Butter
150 g Schalotten, geschält und in Streifen geschnitten
1 Thymianzweig

Passionsfrucht-Vinaigrette:
25 g Zucker
125 ml Orangensaft, frisch gepresst
75 ml Passionsfruchtmark
75 ml Mangomark
1/2 Tahiti-Vanille-Schote mit Mark
15 ml Verjus (Essig von unreifen Trauben)
Walnussöl
Olivenöl

Pattaya-Mangosalsa:
1 Pattaya-Mango
10 ml Yuzu-Saft
1/2 rote Chilischote
Mark einer 1/4 Tahiti-Vanille-Schote

Für die Medaillons die Langustenschwänze aus dem Panzer brechen, den Darm entfernen und mit Salz und Sanchopfeffer würzen.

Die Butter in einem flachen Topf aufkochen, die Schalotten und den Thymian hinzufügen. Die Butter auf 95 °C temperieren.

Die Langustenschwänze in die Butter geben und bei ca. 120 °C Heißluft für ca. 11–16 Minuten in der Butter konfieren.

Für die Passionsfrucht-Vinaigrette Zucker karamellisieren, nicht zu dunkel. Orangensaft dazugeben und zur Hälfte einkochen, nun mit Passionsfrucht- und Mangomark aufgießen und einkochen. Vanilleschote und das Mark hineingeben, mit Verjus abschmecken, weiter einkochen. Die Reduktion durch ein Sieb passieren und mit Walnuss- und Olivenöl mixen. Die Passionsfrucht-Vinaigrette sollte warm serviert werden.

Für die Salsa die Pattaya-Mango schälen, entkernen und in feine Würfel schneiden. Das restliche Fruchtfleisch vom Kern lösen und mit dem Yuzu-Saft zusammenmixen. Die Chilischote in sehr feine Würfel schneiden und mit dem Vanillemark mischen.

Wollhandkrabben

(lat. Eriocheir sinensis)

In China ist die Krabbe eine begehrte Delikatesse. Bei uns wird sie wenig angeboten, obwohl sie sehr gut schmeckt. Die Kurzschwanzkrebse des Süßwassers waren ursprünglich nicht bei uns beheimatet. Vermutlich wurden sie Anfang des 20. Jahrhunderts als Larven im Ballastwasser von Schiffen aus ihrer ursprünglichen Heimat Ostchina bei uns eingeschleppt. Schnell eroberten sie sich den Raum, den Langschwanz-Flusskrebse bei uns in Europa besetzten, und verdrängten diese. Da sie kaum natürliche Feinde hatten, vermehrten sich die Tiere in Europa massenhaft und richteten viel Schaden an. Die nachtaktiven agilen Tiere sind Allesfresser und greifen auch Fische an, die in Reusen oder Netzen gefangen sind. Außerdem stehen sie in dem Ruf, Nahrungskonkurrenten und Laichfresser unserer heimischen Fische zu sein. Ganz zu schweigen von dem Untergraben von Dämmen und Uferbefestigungen für Wohnhöhlen. Nur die zunehmende Wasserverschmutzung vergangener Jahrzehnte konnte ihre weitere Ausbreitung stoppen. Nun, da die Gewässer wieder sauber sind, befindet sich die Wollhandkrabbe wieder auf dem Vormarsch. In allen größeren Flüssen ist sie häufig anzutreffen. Die Krabbe erreicht eine Panzerbreite von 7,5 cm. Einschließlich der Beine kann sie 30 cm messen. Der wollige Bewuchs auf den Scheren macht diese Art unverwechselbar.

WOLLHANDKRABBEN

DREIHUNDERT / DREIHUNDERTEINS   300 / 301

500 g Steinköhlerfilet mit Haut
80 g Butter
Salz
Zitrone

Chicorée:
6 Chicorée (1,2 kg)
120 g Butter
1 Thymianzweig
1 Spritzer weißer Portwein
100 ml Fischfond
1 EL Puderzucker
Harissapaste

Chicorée-Emulsion:
100 g Schalotten (Brunoise)
150 ml Weißwein
150 ml Noilly Prat
Salz
Piment d'Espelette
1 Lorbeerblatt
300 ml Fischessenz
400 ml Chicoréefond
500 g Chicoréeherzen
80 ml kalt gepresstes Olivenöl

Chicorée-Ragout:
1/2 rote Paprika, geschält und in feine Würfel geschnitten
160 g Chicorée, in feine Würfel geschnitten
100 ml Chicorée-Emulsion
2 EL Olivenöl
Salz
Zitrone

Harissa-Gallette:
140 g Kartoffeln
75 g Kartoffelmehl
30 g Butter
1 Eigelb
1/2 TL Harissa
Salz, Muskat

Chili-Stroh:
je 2 gelbe, rote und grüne Chilischoten
etwas Pflanzenfett
Meersalz

Fischhaut-Chips:
Fischhaut vom Steinköhler
2 EL Olivenöl

1 Msp. Harissa
etwas Hummercorail
Maldon Sea Salt
Piment d'Espelette
Thymianpulver (Thymianzweige in der Mikrowelle kurz trocknen, den Stiel von den Blättern entfernen und die Blätter fein mixen)

Tempurateig:
1 EL Speisestärke
1/2 TL Backpulver
2 TL Harissapaste
200 ml kaltes Wasser
Salz
Zitronensaft

Soft Shell Crab:
2 Soft Shell Crabs
2 EL Mehl
Fett zum Ausbacken

Chicorée mit einem Messer vorsichtig vom Strunk entfernen, so dass die Blätter nicht beschädigt werden und zusammen halten. Die Butter in

STEINKÖHLER MIT SOFT SHELL CRAB, CHICORÉE-EMULSION UND HARISSA-GALETTE
JÖRG SACKMANN

einem Topf schmelzen, Thymian, je Portwein, Fischfond, Puderzucker, Salz und Pfeffer hinzugeben. Chicorée mit dieser aromatisierten Butter in einen Vakuumbeutel geben und im Wasserbad bei 85 °C für 50 Minuten ziehen lassen. Die äußeren Chicoréeblätter zu einer Matte für die Harrissa-Galette legen, leicht plattieren und dünn mit Harissapaste bestreichen. Der restliche Chicorée und der Fond wird für die Emulsion verwendet.

Chicorée-Emulsion: Die Schalotten in Olivenöl anschwitzen, mit Weißwein und Noilly Prat ablöschen, Gewürze zugeben und reduzieren. Mit Fischessenz auffüllen und ebenfalls einkochen. Chicoréefond hinzugeben, wieder reduzieren. Klein geschnittene Chicoréeherzen in den reduzierten Fond geben, mixen und passieren. Mit dem Olivenöl aufmontieren, bis eine Emulsion entsteht.

Chicorée-Ragout: Die gewürfelte Paprika in Olivenöl anschwitzen, Chicoréewürfel zugeben und mit Chicorée-Emulsion ablöschen. Einkochen, mit Olivenöl binden und mit Salz und Zitrone abschmecken.

Kartoffeln in Salzwasser garen, abschütten, ausdämpfen und passieren. Die restlichen Zutaten mit den Kartoffeln vermengen, mit Salz und Muskat abschmecken. Den Teig zu einem 20 cm × 15 cm großen Rechteck ausrollen. Die Chicoréematte auf die Kartoffel legen und zu einer Roulade einrollen. Die Roulade zuerst in Klarsichtfolie, anschließend in Alufolie straff einwickeln und anfrieren. Zum Servieren in 1,5 cm dicke Scheiben aufschneiden und ohne Fett anbraten.

Chili-Stroh: Alle Schoten halbieren, entkernen und in sehr feine Streifen schneiden. Kurz in kochendem Salzwasser blanchieren und in Eiswasser abschrecken. In 160 °C heißem Pflanzenfett ausbacken, auf Küchenpapier bei 80 °C im Ofen trocknen und mit Meersalz würzen.

Die Haut vom Steinköhler abziehen und für die Chips beiseite legen. Das Filet in vier gleichmäßige Stücke schneiden und in Butter glasig andünsten, umdrehen und von beiden Seiten ca. 2 Minuten garen. Mit Salz und Zitrone abschmecken.

Fischhaut-Chips: Die Fischhaut entschuppen und das Fischfleisch ganz entfernen. Zwei Blätter Backpapier mit etwas Öl und Harissa bestreichen, die Fischhaut auf ein Blatt legen, weit auseinander ziehen und das zweite Blatt Backpapier darauf legen. Die Haut auf einer Grillplatte mit dem Backpapier goldbraun und knusprig ausbraten. Die krosse Haut in feine Streifen schneiden und mit dem Corail mischen. Mit Maldon Sea Salt, Piment d'Espelette und Thymianpulver würzen und zum Schluss über den Fisch geben.

Für den Tempurateig alle Zutaten zu einem glatten Teig rühren. Mit Salz und Ztronensaft abeschmecken.

Soft Shell Crab: Die Beine der Krabben der Länge nach mit einer Schere aufschneiden und leicht mehlieren, in den Tempurateig tauchen, abtropfen lassen und bei 180 °C knusprig ausbacken und würzen.

Zum Servieren Chicorée-Ragout mit einer rechteckigen Schablone anrichten, Harrissa-Kartoffel-Galette versetzt platzieren, das Chilistroh dazugeben. Den Steinköhler dahinter setzen, daneben die Soft Shell Crab und die Chicorée-Emulsion geben.

Soft Shell Crab

Bei dieser Spezialität handelt es sich um Krabben, die zunächst gehältert und dann direkt nach ihrer Häutung gehandelt werden. Die Haut ist dann noch so soft, dass man sie mit der gegarten Krabbe verzehren kann. In den USA werden häufig Blue Crabs als Soft Shells angeboten. In Asien zumeist Mangrovenkrabben.

SOFT SHELL CRAB

Flower Crab

(lat. Portunus pelagicus)

Stattliche Krabben mit 20 cm Körperlänge. Sie sind im Indopazifik recht häufig, leben im offenen Wasser, dringen aber mit der Flut auch gerne in die Mangrovenregionen vor, um Fisch zu jagen. Sie sind reine Meeresbewohner und können an Land nur kurze Zeit überleben, daher werden sie auf Märkten nie lebend angeboten. Bei uns ist ihr Fleisch tiefgefroren in Asia Shops zu bekommen. Die große Abbildung zeigt ein Männchen, das sich durch die intensive Farbigkeit deutlich vom Weibchen unterscheidet.

Mangrovenkrabbe

(lat. Scylla serrata)

Das etwa taschenkrebsgroße Tier ist in den Mangrovengebieten Asiens, Australiens und Afrikas sehr verbreitet. Die Weibchen sind extrem fruchtbar und legen bis zu einer Million Eier. Das schmackhafte Tier kann bis zu 2 kg schwer werden.

MANGROVENKRABBE

INDEX

A
Abalone 288, 293, 294
Affenkopfpilz 267
Aloe Vera 169, 170
Ananas-Guave 125
Arrow Roots 235
Arrowhead 234
Auberginen 82, 197

B
Bai Bua Bok 154
Baijiu 36
Balsambirne 147
Bambusmuschel 275, 288
Bambussprosse 56, 62, 88, 208
Bananenblätter 151
Bananenblüte 150
Bärenkrebs 294
Bittere Spring-Gurke 147
Bittergurke 147
Bittermelone 147
Black Fungus 255
Brasilianische Guave 125
Butternut-Kürbis 200

C
Cha Plu-Blätter 160, 184
Chayote 191, 192
Cherimoya 143
Chili 172
Chinakohl 42, 205, 207, 275
Chinesische Auster 288
Chinesische heiße Platte 46
Chinesische Kartoffel 234
Chinesische Nudeln 250
Chinesischer Brokkoli 201, 202, 284
Chinesischer Ingwer 209
Chinesischer Kohl 207
Chinesischer Schnittlauch 168
Chinesischer Wein 36
Cubio 216

D
Dämpfen 47
Dim Sum 48
Drachenfrucht 131
Durian 118

E
Eiernudeln 250
Enokipilz 192, 258, 262
Erbsenauberginen 198
Essstäbchen 28–33

F
Feijoa 125
Felsenklaffmuschel 288
Feuertopf 42
Fingerwurz 209
Flower Crab 274, 306
Flügelbohne 188
Frühlingsrolle 52
Fujian-Küche 64

G
Galadium 178, 225
Galanga 230
Galangawurzel 225, 231
Garküchen 94, 108
Gewürzlilie 230
Glasnudeln 52, 250
Golden Enoki 263, 264
Goldener Samtfußrübling 263, 264
Großer Galgant 231
Grüne Mango 135
Grünschalenmuschel 288
Guangdong-Küche 56
Guave 112, 124

H
Heuschreckenkrebs 294
Hokkaidokürbis 200
Honigapfel 142
huo guo 42

I
Ibia 222
Igel-Stachelbart-Pilz 267
Indische Dattel 129
Ingwer 227

J
Jackfrucht 119
Jambu 123
Java-Apfel 123
Jellyfish 274, 283
Jujube 120

K
Kaffir-Limette 130, 132, 218, 253
Kaki 142
Kalmar, getrocknet 276
Kanton-Küche 56
„Karma"-Orchidee 153
Knollenbohne 237
Knollige Kapuzinerkresse 216
Knolliger Sauerklee 222
Krachai 209, 210
Krokodilsritterling 261
Kuhbohne 182
Kurkuma 226

L
Langer Koriander 158
Languste 296, 299
Longan 115, 116
Longkong 114
Lotoswurzel 223, 225
Luffagurke 199
Luffaschwamm 199

M
Mango 134, 136, 140, 144, 299
Mangostane 122
Mangrovenkrabbe 275, 306
Manila-Mango 139, 170, 211
Maniok 235
Matsutake 261, 274
Mie-Nudeln 40, 250

Minifischchen, getrocknet		278
Mirugai		288
Mu-Err-Pilz		48, 255
Mungbohnen		52, 190
Murahata-Melone		146, 148

O

Oba	155
Okra	181

P

Pak Chee Farang	158
Pak-Choi	40, 174, 177
Palastküche	76
Palmenherz	213, 215
Pandangblätter	152
Papaya	180, 192
Pekingente	80
Pekingkohl	207
Peking-Küche	66, 70
Pennywort	154
Persimone	142
Petaibohnen	189
Pfeilwurzeln	235
Phak Kayang	161
Pitahaya	131
Pitaya	131
Pom-Pom-Blanc	267
Praew-Blätter	157, 225

R

Rambutan	110, 112
Red Giant	156
Reis	247
Reisfeldpflanze	161
Reisnudeln	250
Reiswein	34, 242
Rosenberg-Süßwassergarnele	296
Roter Senf	156

S

Sake	34, 242
Schlangenbohne	182
Schule des Nordens	66
Schule des Ostens	64
Schule des Südens	56
Schule des Westens	61
Schwimmblase	280
Seegurke	282, 284, 289
Seewalze	282
Sharonfrucht	142
Shiitake	40, 42, 48, 87, 88, 225, 253, 264, 266
Shimeji	256
Shiso-Blätter	155
Si Gua Luffa	199
Sichuan-Hunan-Yunnan-Küche	61
Soba	250
Soft Shell Crab	302, 305
Soja	238
Spargelbohne	182

T

Tamarinde	126, 129
Tarowurzel	233
Tausendjährige Eier	254
Tee	38
Thai-Ingwer	230
Thailändischer Pfeffer	160
Thai-Schnittlauch	168
Thai-Spargel	179
Tigergras	154
Tintenfisch, getrocknet	277
Trockenprodukte	45
Tsingtao	36

V

Venusmuschel	288
Vietnamesischer Koriander	157

W

Wachsapfel	123
Wasabi	217, 220, 258, 294
Wasserkastanien	89, 232
Wassermimose	163, 211
Wasserspinat	162, 213
Wasserwurzel	233
Weiße Shimeji	257
Winged bean	188
Wok	40
Wollhandkrabbe	300
Würzsaucen	242

Y

Yambohne	237
Yamwurzel	236

Z

Zitronengras	167
Zuiki	178

Ebenfalls in der Edition Port Culinaire erschienen:

  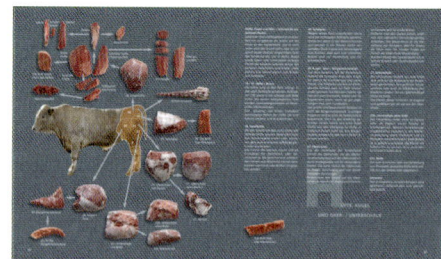 

Gutes Fleisch
Warenkunde, Stories, Grundrezepte und kreative Küche

312 Seiten, 24 x 28 cm
Fackelträger Verlag GmbH & Edition Port Culinaire
Autoren: Stephan & Wolfgang Otto, Thomas Ruhl
Fotograf und Gestalter: Thomas Ruhl
Rezeptautoren: Bernd Ackermann, Juan Amador, Heiko Antoniewicz, Christian Bau, Thomas Bühner,

Patrick Coudert, Volker Drkosch, Klaus Erfort, Denis Feix, Nils Henkel, Patrick Kimpel, Kolja Kleeberg, Dieter Müller, Marco Müller, Cornelia Poletto, Alejandro & Christopher Wilbrand, Joachim Wissler, Eckart Witzigmann und Harald Wohlfahrt.
ISBN: 978-3-7716-4405-5

Auszeichnung:
„Best Single Subject Cookbook"
Gourmand World Cookbook Award 2009

Das Culinarium der Süßwasserfische
Lexikon, Warenkunde, Küchenpraxis und Rezepte von Starköchen

224 Seiten, 24 x 28 cm
Fackelträger Verlag GmbH & Edition Port Culinaire
Autor: Thomas Ruhl
Fotograf und Gestalter: Thomas Ruhl

Mit Rezepten von: Christian Bau, Denis Feix, Nils Henkel, Patrick Jabs, Dieter Müller, Michael Sobota, Sascha Stemberg
ISBN: 978-3-7716-4391-1

Auszeichnung: Silbermedaille der Gastronomischen Akademie Deutschlands, 2009

  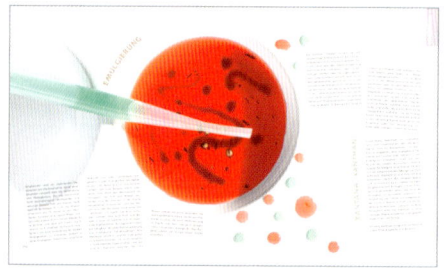 

Avantgarde
Molekularküche und andere progressive Kochtechniken. Ein Grundkurs

176 Seiten, 24 x 28 cm
Fackelträger Verlag GmbH & Edition Port Culinaire
Autor: Ralf Bos, Thomas Ruhl
Fotograf und Gestalter: Thomas Ruhl

Mit Rezepten u.a. von: Juan Amador, Heiko Antoniewicz, Nils Henkel
ISBN: 978-3-7716-4386-7

Auszeichnung: Silbermedaille der Gastronomischen Akademie Deutschlands, 2009

Die Philosophie der großen Küche

256 Seiten, 24 x 28 cm
Fackelträger Verlag GmbH & Edition Port Culinaire
Autor: Jean Claude Bourgueil

Fotograf und Gestalter: Thomas Ruhl
ISBN: 978-3-7716-4336-2

Auszeichnung:
Bestes Chef-Kochbuch der Welt 2001

EDITION PORT CULINAIRE

Typisch Deutsch – Neues aus der klassischen regionalen Küche

312 Seiten, 24 x 28 cm
Fackelträger Verlag GmbH & Edition Port Culinaire
Autor: Jean Claude Bourgueil

Fotograf und Gestalter: Thomas Ruhl
ISBN: 978-3-7716-4338-6

Auszeichnungen: Kochbuch des Jahres 2007, GAD 2008

Trüffel und andere Edelpilze

312 Seiten, 24 x 28 cm
Fackelträger Verlag GmbH & Edition Port Culinaire
Autor: Ralf Bos, Thomas Ruhl

Fotograf und Gestalter: Thomas Ruhl
ISBN: 978-3-7716-4335-5

Auszeichnung: Goldmedaille der Gastronomischen Akademie Deutschlands, Good Design Award

---

Kulinarischer Sammelband, erscheint viermal jährlich!

Fundierte Warenkunde und Fachwissen • Interessante, amüsante Stories • Innovative Rezepte von Starköchen

No. ZERO
ISBN: 978-3-938173-26-8

No. ONE
ISBN: 978-3-938173-35-0

No. TWO
ISBN: 978-3-938173-36-7

No. THREE
ISBN: 978-3-938173-42-8

No. FOUR
ISBN: 978-3-938173-44-2

No. FIVE
ISBN: 978-3-938173-45-9

No. SIX
ISBN: 978-3-938173-53-4

No. SEVEN
ISBN: 978-3-938173-51-0

No. EIGHT
ISBN: 978-3-938173-73-2

No. NINE
ISBN: 978-3-938173-77-0

No. TEN
ISBN: 978-3-938173-81-7

No. Eleven
ISBN: 978-3-938173-93-0

No. Twelve
ISBN: 978-3-938173-98-5

Alle Ausgaben bleiben langfristig lieferbar!

156 Seiten, 24 x 28 cm, Edition Port Culinaire
Herausgeber und Fotograf: Thomas Ruhl

Auszeichnungen für Port Culinaire:

Best of the world

"GOOD DESIGN AWARD" The Chicago Athenaeum

Newcomer Magazin des Jahres

DESIGNPREIS 2009
NOMINIERT

Weitere Informationen unter:
www.port-culinaire.de

Port Culinaire
Sicherer Hafen für Gourmets

PORT CULINAIRE
www.port-culinaire.de

Sie suchen ein exklusives kulinarisches Produkt oder Informationen darüber?

Einen handgeangelten Loup de mer, Winteredeltrüffel, Foie Gras oder einen Kapaun? Dann sind Sie auf dieser Internetseite richtig.

Port Culinaire TV

Television Port Culinaire
www.port-culinaire.tv

Kochshows, Warenkunde, Reiseberichte und Starköche auf spannenden Filmbeiträgen.

Autor: Thomas Ruhl

Herausgeber:
Edition Port Culinaire

Edition Port Culinaire

Produktion:
Ruhl Studios, Köln

Fotografie, Typografie:
Thomas Ruhl

Texte:
Thomas Ruhl, Carola Gerfer-Ruhl, Denia Jäger, Semi Chakroun, Sybille Kärcher

Art Direction:
Petra Gril

Produktionsleitung:
Petra Gril, Carola Gerfer-Ruhl

© 2010 Fackelträger Verlag GmbH, Köln

Alle Rechte vorbehalten

ISBN: 978-3-7716-4446-8

Edition Fackelträger

Anschriften:
Edition Port Culinaire
c/o Ruhl Studios
Werderstraße 21
50672 Köln
Tel. 0221 / 56 95 94-0
info@port-culinaire.de
www.port-culinaire.de

Fackelträger Verlag GmbH
Emil-Hoffmann-Straße 1
50996 Köln
Tel. 02236 / 39 99-0
www.fackeltraeger-verlag.de

IMPRESSUM

Dieses Werk einschließlich aller seiner Teile ist urheberrechtlich geschützt. Jede Verwertung außerhalb der Eigennutzung ist ohne Zustimmung des Verlages sowie des Autors Thomas Ruhl nicht erlaubt. Das gilt insbesondere für die Vervielfältigung, Übersetzung, Mikroverfilmung oder die Einspeisung ins Internet oder die Erstellung von elektronischen Medien wie CD ROM und Video. Alle in diesem Buch enthaltenen Angaben, Rezepte etc. wurden von den Autoren nach bestem Wissen erstellt und von ihnen und dem Verlag mit größtmöglicher Sorgfalt überprüft. Gleichwohl sind – wie wir im Sinne des Produkthaftungsrechts betonen müssen – inhaltliche Fehler nicht vollständig auszuschließen. Daher erfolgen die Angaben etc. ohne jegliche Verpflichtung oder Garantie des Verlages oder der Autoren. Beide Seiten übernehmen deshalb keinerlei Verantwortung und Haftung für etwaige inhaltliche Unstimmigkeiten.